Marie Wüst

Supply Chain Collaboration

Status quo, Potenziale und Grenzen
des Collaborative Planning, Forecasting
and Replenishment

Bibliografische Information der Deutschen Nationalbibliothek:

Die Deutsche Nationalbibliothek verzeichnet diese Publikation in der Deutschen Nationalbibliografie; detaillierte bibliografische Daten sind im Internet über http://dnb.d-nb.de abrufbar.

Impressum:

Copyright © Studylab 2020

Ein Imprint der GRIN Publishing GmbH, München

Druck und Bindung: Books on Demand GmbH, Norderstedt, Germany

Coverbild: GRIN Publishing GmbH | Freepik.com | Flaticon.com | ei8htz

Zusammenfassung

Volatilität, Komplexität, Digitalisierung oder Globalisierung zählen zu den Haupteinflussfaktoren von Unternehmen der heutigen Zeit. Diese versuchen, mit Hilfe des Supply Chain Managements, die einzelnen Schnittstellen entlang der Wertschöpfungskette zu optimieren. Dabei gilt es, die Kundenbedürfnisse effizient zu befriedigen und diese Einflussfaktoren mit Hilfe des ‚Collaborative Planning, Forecasting and Replenishment' (CPFR) zu bewältigen. Die erste Frage, mit der sich diese Bachelorarbeit beschäftigt, ist die nach dem Status quo des Modells in der Praxis.

Die Supply Chain Collaboration stellt die intensivste Form einer Kooperation dar und bietet die Grundlage für das CPFR, welches das zentrale Thema dieser Arbeit ist. In der Literatur existieren wenige Informationen zum praktischen Gebrauch des Modells. Dabei stellt sich die Frage, inwieweit sich das CPFR bis heute in der Praxis etabliert hat. Hierbei werden die Herausforderungen des 21. Jahrhunderts wie das sich verändernde Konsumentenverhalten, die zunehmende Globalisierung und der digitale Wandel in die Betrachtung miteinbezogen.

Die Entstehung des CPFR begründet sich neben der Bedeutung des Supply Chain Managements auf dem Efficient Consumer Response-Konzept. Weiterhin wird CPFR als Weiterentwicklung des ECR betrachtet und mit Hilfe der Vorgehensweise, der Erfolgsfaktoren und der Effizienzvorteile sollen die Vorzüge dieses Modells verdeutlicht werden. Um Letzteres Hinweise auf den Status quo geben zu können und auf die Beantwortung der ersten Frage zu schließen, wird die Kehrseite des Modells betrachtet und speziell auf das CPFR in der Praxis eingegangen. Dabei werden Abweichungen zwischen Theorie und Praxis aufgedeckt und einige Kritikpunkte erarbeitet. Anschließend wird eine erste Bewertung des Modells vorgenommen.

Unter anderem geht aus einer Trendanalyse hervor, dass die Digitalisierung immer mehr an Bedeutung gewinnt und als Enabler für das CPFR fungiert. Die zweite Frage beschäftigt sich daher mit den Perspektiven, die sich in Zukunft ergeben. Wie sich im ersten Teil dieser Arbeit gezeigt hat, stellen eine gute Kooperationsbasis und der Einsatz neuer Technologien maßgebliche Erfolgsfaktoren dar. Auf dieser Grundlage und in Anbetracht der Herausforderungen des 21. Jahrhunderts werden Rationalisierungspotenziale, aber auch Grenzen des CPFR der Zukunft identifiziert. Die neuesten Technologie-Hypes des Supply Chain Managements werden vorgestellt und es werden eine mögliche Weiterentwicklung sowie letztlich ein Ausblick für eine Supply Chain Collaboration erarbeitet. Im finalen Teil der Bachelorarbeit erfolgt die Beantwortung der zentralen Fragen.

Abstract

Volatility, complexity, digitalization and globalization are among the main factors influencing companies today. By focusing on the customer's needs, companies try to optimize interfaces along the value chain with the help of supply chain management. The aim is to satisfy customer needs efficiently and to manage influencing factors with the help of collaborative planning, forecasting and replenishment. This bachelor's thesis shows that optimization can be realized through cooperation along the supply chain. Supply Chain Collaboration is the intensive form of cooperation and is the basis of Collaborative Planning Forecasting and Replenishment (CPFR), which is the central topic of this work. Since this business model was developed in practice in the 2000s over the course of several pilot projects, it has represented a rather novel management tool. There is little information in the literature about the current use of the model in practice. This raises the question of to what extent CPFR has established itself in practice to date. The challenges of the 21st century are changing consumer behavior, globalization and digital transformation and will be considered in this work.

In addition to the overarching concept of supply chain management, the concept of Efficient Consumer Response establishes the basis for CPFR. For this reason, CPFR is regarded as a further development of Efficient Consumer Response. The first part of this work clarifies the theoretical advantages of the CPFR model through analysis of the approach, the success factors and the efficiency advantages. In order to determine the applicability of the model in practice, this work discusses CPFR implementation and determines the status quo of the model. Deviations between theory and practice are briefly reviewed, and some points of criticism are recognized. After this, the findings are discussed and evaluated.

A trend analysis shows that digitalization is becoming more and more important and is an enabler of CPFR. The second part of this work, therefore, deals with the perspectives that will arise in the future. As shown in the first part, critical success factors include a good basis for cooperation and the use of technologies. On this basis, and in view of the challenges of the 21st century, the optimization potential and limits of CPFR in the future are identified. Since digitalization is identified as the biggest trend and challenge, the latest technology trends in supply chain management are presented. From this perspective, possible further technological developments and a long-term outlook for supply chain collaboration are discussed. The work concludes by answering the central questions about the status quo in practice and future applications of this model.

Inhaltsverzeichnis

Zusammenfassung III

Abstract V

Abbildungsverzeichnis VIII

Abkürzungsverzeichnis IX

1 Einleitung 1
    1.1 Problemstellung und Ausgangssituation 1
    1.2 Zielsetzung 2
    1.3 Aufbau der Arbeit 3

2 Die Herausforderungen des 21. Jahrhunderts 5
    2.1 Konsumentenverhalten 5
    2.2 Globalisierung 6
    2.3 Digitaler Wandel 9
    2.4 Trendanalyse 11

3 Supply Chain Collaboration 14
    3.1 Bedeutung des SCM 14
    3.2 Kooperationen in der Beschaffung 16
    3.3 Vom Push- zum Pull-Prinzip 17
    3.4 ECR 19

4 CPFR als Weiterentwicklung des ECR 23
    4.1 Die Entstehung des CPFR 23
    4.2 Definition 24
    4.3 Funktionsweise und Prozessmodell 25
    4.4 Erfolgsfaktoren 32
    4.5 Informationstechnologien als Grundvoraussetzung 33

4.6 Effizienzvorteile 34

5 CPFR in der Praxis **36**

5.1 Technologien als Enabler für das CPFR 40

5.2 Kritikpunkte 43

5.3 Praxisbeispiele 45

5.4 Bewertung, Annahmen und Herausforderungen 46

6 Zukunftsperspektiven des CPFR **49**

6.1 Rationalisierungsgrenzen 51

6.2 Rationalisierungspotenziale 52

6.3 Mögliche Weiterentwicklung und Ausblick 54

7 Fazit **57**

Literaturverzeichnis **59**

Abbildungsverzeichnis

Abb. 1: Die Entwicklung des grenzüberschreitenden Warenhandels von 1950 bis 2016..8

Abb. 2: Die Bedeutung der Digitalisierung heute und in fünf Jahren 10

Abb. 3: Das Push- und das Pull-Prinzip inklusive der Informations- und Kommunikationsströme 18

Abb. 4: Die Basisstrategien des Efficient Consumer-Response 20

Abb. 5: Die drei Phasen des CPFR-Prozessmodells und dessen Inhalte 26

Abb. 6: Der detaillierte Ablauf des CPFR-Prozessmodells 29

Abb. 7: Das neue CPFR-Prozessmodell in Form eines Kreislaufs 31

Abb. 8: Der CPFR-Ansatz in einem komplexen Liefernetzwerk 37

Abb. 9: Statistik über den Datenaustausch von internen Informationen mit anderen Unternehmen 40

Abb. 10: Hype-Zyklus der Supply Chain-Trends in Abhängigkeit von den Erwartungen und der Zeit 50

Abb. 11: Material- und Informationsflüsse eines Wertschöpfungsnetzwerks 54

Abkürzungsverzeichnis

BIP	Bruttoinlandsprodukt
B2B	Business to Business
CFAR	Collaborative Forecasting and Replenishment
CM	Category Management
CPFR	Collaborative Planning, Forecasting and Replenishment
EA	Efficient Administration
EAN	Europäische Artikelnummerierung
ECR	Efficient Consumer Response
EDI	Electronic Data Interchange
EOS	Efficient Operating Standards
EP	Efficient Promotion
EPI	Efficient Product Introduction
ER	Efficient Replenishment
ERP	Enterprise Resource Planning
ESA	Efficient Store Assortment
GS1	Global Standards One
IT	Informationstechnik
IuK	Informations-und-Kommunikationstechnik
KMU	Kleine und mittlere Unternehmen
PoS	Point of Sale
QR	Quick Response
RFID	Radio Frequency Identification
ROI	Return on Investment
SCM	Supply Chain Management
SC	Supply Chain
SCC	Supply Chain Collaboration
UCC	Uniform Code Council

VICS	Voluntary Interindustry Commerce Standard
VMI	Vendor Managed Inventory
3PL	Third-Party-Logistics-Provider
4PL	Fourth-Party-Logistics-Provider

1 Einleitung

1.1 Problemstellung und Ausgangssituation

„Win together or die alone." Mit diesem Slogan wirbt Eric Wilson, der als Innovator im Bereich Predictive Analytics und Business Planning gilt, für den Einsatz von Collaborative Planning, Forecasting, and Replenishment (CPFR). Laut Wilson können die Bedürfnisse der Kunden nur durch eine effiziente Zusammenarbeit der verschiedenen Partner einer Wertschöpfungskette optimal erfüllt werden.[1]

Schon seit den 1990er Jahren werden Unternehmen konfrontiert durch Begriffe wie Volatilität, Unsicherheit, Komplexität und Unklarheit. Die Reaktion der Unternehmen umfasste die Reduktion der Fertigungstiefen und den externen Bezug von Vorprodukten. Aufgrund der hohen Anzahl an Akteuren, die nun an der Supply Chain beteiligt waren, entstanden regelrechte Wertschöpfungsnetzwerke von hoher Komplexität. Verschärft wurde dies zusätzlich durch die Globalisierung, als die Unternehmen das Potenzial der Kostensenkung durch die Produktion in Entwicklungsländern erkannten. Zunehmend stellte sich heraus, dass die Wirtschaftlichkeit solcher Netzwerke maßgeblich von der Effizienz der Logistikleistung abhängt. Mit dem Fokus auf der Optimierung der entstandenen Schnittstellen nahm das Supply Chain Management in den letzten Jahren immer mehr an Bedeutung zu.[2]

Heute kommen laut einer aktuellen Studie des Bundesvereins für Logistik Trends wie Kostendruck, Individualisierung, Transparenz, Nachhaltigkeit, Vernetzung und Industrie 4.0 hinzu, auf die Unternehmen reagieren müssen. Über die Hälfte der befragten Unternehmen geben an, dass es für sie nicht im Bereich des Möglichen sei, diesen Trends zu folgen.[3] Trotz dieses volatilen Umfelds sind die Unternehmen bestrebt, ihre Schnittstellen zu optimieren und die Bedürfnisse ihrer Kunden zu befriedigen. Eine mögliche Lösung hierfür stellt eine Kooperationsbasis dar: Durch eine effiziente Zusammenarbeit, der an der Wertschöpfung eines Produkts beteiligten Akteure können erhebliche Vorteile realisiert werden.[4]

Das Supply Chain Management bietet moderne Strategien auf Basis des Kooperationsgedankens zur Optimierung der Versorgung. Hierzu zählt unter anderem das

---

[1] Vgl. Wilson [2018], o. S.
[2] Vgl. Pause/Adema/Winitzki [2018], o. S.
[3] Vgl. Kersten et al. [2017], S. 12.
[4] Vgl. Sandberg [2005], S. 33.

Efficient Consumer Response, zu Deutsch das effiziente Reagieren auf Kundennachfrage. Ein eher neuartiges Modell dieses Konzepts heißt CPFR oder Collaborative Planning, Forecasting and Replenishment, was übersetzt gemeinschaftliche Planung, Prognose und Nachschub bedeutet. Dieses Modell soll dazu dienen durch Kooperationen der SC-Partner und mit Hilfe von bspw. Abverkaufsdaten in Echtzeit die Abwicklung der Wertschöpfungskette zwischen Industrie und Handel zu vereinfachen und Effizienzvorteile zu generieren.[5]

Im Rahmen der aktuellen Trends gewinnt der digitale Wandel immer mehr an Bedeutung. „Das intelligente Supply Chain Management in flexiblen Wertschöpfungsnetzwerken wird zu einem kritischen Erfolgsfaktor."[6] Die Innovationshypes der Zukunft werden das SCM maßgeblich mitbestimmen und Unternehmen werden mitziehen müssen, um keine Schwächung ihrer Marktposition zu riskieren.[7]

Laut der Literatur hat das CPFR-Modell jedoch seinen Status als Pilotprojekt nie überschritten.[8] Es ist nach wie vor nicht stark verbreitet und der Implementierungsgrad ist relativ gering. Dabei stellt sich die Frage, wie der aktuelle Stand sowie die Zukunftsperspektiven für dieses Modell aussehen. Unter Anbetracht der Ausgangssituation und der Problemstellung soll daher im Rahmen dieser Arbeit das Thema CPFR ganzheitlich durchleuchtet werden.

1.2 Zielsetzung

Obwohl CPFR im Zuge der Entwicklung von Informations- und Kommunikationstechnologien sowie des Web 2.0 entstanden ist, kann keine Weiterentwicklung festgestellt werden.[9] Somit stellt es kein gängiges Modell dar. Dabei stellt sich die Frage, wie der aktuelle Stand der Umsetzung ist und welche Akzeptanz das Modell in der Praxis erhält. Aus diesem Grund besteht das Ziel dieser Bachelorarbeit darin, den Status quo des CPFR mit Hilfe der vorhandenen Literatur und anhand aktueller Studien darzustellen.

Weiterhin wird die Frage untersucht, welche Zukunftsperspektive das Modell hat und mit welchen Rationalisierungspotenzialen und Grenzen gerechnet werden

---

[5] Werner [2013], S. 124–196.
[6] Brühl [2015], S. 120.
[7] Vgl. DVZ [2017], o. S.
[8] Vgl. Thonemann et al. [2005], S. 122 ff.
[9] Vgl. ebd., S. 122 ff.

muss. Mit Hilfe von Zukunftsstudien über entsprechende Trends und unter Anbetracht der Herausforderungen des 21. Jahrhunderts sollen mögliche Weiterentwicklungen herausgearbeitet werden. Das Ziel ist es, eine transparente Übersicht über ein Modell zu liefern, das durchaus Optimierungspotenziale bieten kann. Dabei soll auf die aktuellen Technologien aufmerksam gemacht und die Bedeutung eines fortlaufenden Entwicklungsgedankens in Unternehmen verdeutlichen werden.

1.3 Aufbau der Arbeit

Die Bearbeitung des Themas dieser Bachelorarbeit erfolgt in sieben Kapiteln. Im ersten Kapitel wird zunächst auf die Ausgangssituation und die Problemstellung eingegangen. Dabei soll dem Leser die Notwendigkeit der Bearbeitung dieses wirtschaftswissenschaftlichen Problems nahegelegt und eine Hinführung zum Inhalt gegeben werden. In der Zielsetzung wird der konzeptionelle Rahmen der Arbeit festgelegt und das Ziel definiert. Hierbei wird auf den Verlauf der Bachelorarbeit eingegangen.

Mit dem zweiten Kapitel werden die nötigen Grundlagen geliefert. Dieses Kapitel umfasst eine nähere Betrachtung der Hausforderungen des 21. Jahrhunderts, wobei vor allem auf deren Bedeutung für Unternehmen sowie die aktuellen Trends eingegangen wird. Das veränderte Konsumentenverhalten, die Globalisierung und der digitale Wandel sind bedeutungsvolle Herausforderungen, die Unternehmen in der heutigen Zeit bewältigen müssen.

Im dritten Kapitel werden weitere Grundlagen erläutert, die zu einer Supply Chain Collaboration führen. Dabei wird zunächst auf das Supply Chain Management, auf Kooperationen in der Beschaffung und auf die Entwicklung der Versorgungsstruktur eingegangen. Um ein allgemeines Verständnis für das Thema CPFR zu generieren, wird das Efficient Consumer Response (ECR) als Grundlage und Ansatz vorgestellt. Zudem werden verschiedene alternative Modelle neben CPFR angesprochen, um eine klare Abgrenzung herstellen zu können.

Das Kapitel vier umfasst eine ausführliche Vorstellung des CPFR-Modells. Anhand der Entstehung, der Definition und der Funktionsweise des Prozessmodells erhält der Leser ein genaues Verständnis über das Kernthema. Weiterhin wird auf Vorteile, Voraussetzungen und praktische Erfolgsfaktoren eingegangen.

Das fünfte Kapitel stellt das CPFR in der Praxis vor. Dabei wird vor allem auf die aktuelle Situation, die praktische Anwendbarkeit des Modells und die in der Praxis etablierten Technologien eingegangen. Zudem erfolgt eine kritische Durchleuchtung des Modells. Es werden Beispiele aus der Praxis vorgestellt und zuletzt erfolgt eine erste Annahme und eine Bewertung des Status quo der Umsetzung.

Im sechsten Kapitel wird vor allem auf den Zukunftsaspekt eingegangen, um schließlich Aussagen zu den Potenzialen und Grenzen des Modells treffen zu können. Dabei werden die aktuellen Hypes des SCM mit in die Betrachtung einbezogen. Außerdem werden Ansätze einer möglichen Weiterentwicklung einer Supply Chain Collaboration erarbeitet.

Das siebte und finale Kapitel umfasst das Fazit, in dem noch einmal alle wichtigen und maßgeblichen Informationen zusammengefasst werden. Die Arbeit wird mit einem Ausblick abgeschlossen.

2 Die Herausforderungen des 21. Jahrhunderts

Das Zeitalter der Dynamisierung von Unternehmen schreitet immer schneller voran. Veränderte Kundenbedürfnisse, die Globalisierung und der digitale Wandel werden zunehmend Gegenstand des 21. Jahrhunderts. Nun stellt sich die Frage, ob es sich bei diesen Veränderungen lediglich um vergängliche Trends handelt oder ob sie sich zu unumgänglichen Herausforderungen für die Unternehmen entwickeln.[10]

2.1 Konsumentenverhalten

Der Konsument heute „fährt Porsche und kauft bei Aldi ein. Er kombiniert Prada mit H&M und fliegt für 29 Euro nach Mailand, um dort ein Luxuswochenende zu verbringen"[11]. Der Konsument ist bestrebt, sein Budget beim Einkaufen so aufzuteilen, dass sein Gesamtnutzen möglichst maximal ist.[12] Die einzelnen Kaufentscheidungen werden somit wesentlich vom Preis bestimmt. Die Marke oder die Handelsfiliale stellen kein ausschlaggebendes Kriterium mehr dar.[13] Daraus resultiert eine absolute Individualisierung und es ergeben sich inkonsequente Konsumstile. Der Konsument gilt als Treiber der Entwicklung und der Veränderung von Trends, Produkten sowie Dienstleistungen. Daher steht er für die Unternehmung im Mittelpunkt der Betrachtung. Als oberstes Ziel der Unternehmung gilt es demnach, den Kundenwünschen gerecht zu werden und die Bedürfnisse des Kunden zu befriedigen. Aufgrund dieses inkonsequenten und multioptionalen Verhaltens ist es schwer, eindeutige Muster herauszufiltern, und der Konsument wird zur größten Herausforderung für das Unternehmen.[14]

Grundlegende Veränderungen des Konsumverhaltens werden auch durch die Digitalisierung ausgelöst. Technologien wie das Smartphone haben das Verhalten des Konsumenten nachhaltig beeinflusst. Die Nutzung von Internet, Apps und sozialen Netzwerken sowie die daraus resultierende Rund-um-die-Uhr-Erreichbarkeit und -Verfügbarkeit sind zur Selbstverständlichkeit geworden. Die Erwartungen an die Unternehmen sind entsprechend hoch. Daher nehmen auch der

---

[10] Vgl. Wellbrock/Traumann [2012], S. 1.
[11] Sazepin/Mertens/Rennhak [2012], S. 1
[12] Vgl. Sazepin/Mertens/Rennhak [2012], S. 1.
[13] Vgl. Seifert [2006], S. 29.
[14] Vgl. Sazepin/Mertens/Rennhak [2012], S. 1.

Informationsgrad und der Informationsanspruch des Konsumenten stetig zu.[15] Statt dem stationären Handel wird zunehmend der Online-Handel bevorzugt. Produktvergleiche ermöglichen es dem Konsumenten, die beste Qualität und gleichzeitig den günstigsten Preis wählen zu können. Dies macht den Kunden zunehmend unabhängig von Industrie und Handel.[16]

Vor allem die Individualisierung spielt hierbei eine entscheidende Rolle. Laut Albrecht willl der Konsument im heutigen Zeitalter ‚Perfektion kaufen'. Die sozialen Netzwerke bewirken, dass ein ‚neuer Gestaltungswille' ausgelöst wird. Die Kunden eifern aktuellen Trends nach und wollen die neuesten Produkte auf dem Markt besitzen.[17]

Einige Beispiele für Erwartungen des Kunden an die Unternehmung umfassen die absolute und ständige Verfügbarkeit der Produkte, das Same-Day-Delivery-Konzept, Kommunikation über Smartphones und soziale Netze sowie das Reagieren auf individuelle Kundenanfragen, indem das Wertangebot auf die Bedürfnisse abgestimmt wird.[18]

Der Konsument lässt sich immer weniger klassifizieren, wodurch es kaum möglich ist, vorauszusagen, was seine Bedürfnisse sind. Er entscheidet je nach Laune und aus der Situation heraus. Daraus ergeben sich folgende Konsequenzen für das Management: Klassische Planungssysteme müssen zukünftig neu überdacht werden. Flexibilität, Knowhow, Spezialisierung und gezielte Kundenansprache sind Voraussetzungen für den Erfolg von Unternehmen.[19]

2.2 Globalisierung

Die Globalisierung im wirtschaftlichen Kontext meint die zunehmende weltweite Verflechtung von Wirtschaft, Politik, Umwelt und weiteren Gebieten. Ein Merkmal hiervon sind grenzüberschreitende Unternehmungsaktivitäten mit dem Ziel, Wettbewerbsvorteile durch die Nutzung von lokalen Vorteilen (Standortpolitik) und Skaleneffekten zu realisieren.[20]

---

[15] Vgl. Kofler [2018], S. 2.
[16] Vgl. Seifert [2006], S. 29.
[17] Vgl. Albrecht [2018], o. S.
[18] Vgl. Kofler [2018], S. 74 f.
[19] Vgl. Sazepin/Mertens/Rennhak [2012], S. 72 f.
[20] Vgl. Gabler [2018], o. S.

Motive für die Globalisierung sind z. B. die Liberalisierung des Handels und der europäische Integrationsprozess. Auch die Tatsache, dass Transporte zunehmend schnell und günstig abgewickelt werden können, ist ein Treiber für den Internationalisierungsprozess. Im Zuge des Global Sourcing können Unternehmen Kosteneinsparungen bei der Beschaffung generieren. Zum einen kann dadurch die Versorgung knapper Ressourcen gesichert werden und zum anderen können (unter Berücksichtigung von Produktions- und Transportkosten) Produkte in Entwicklungsländern günstig hergestellt werden.[21]

---

[21] Vgl. Werner [2013], S. 50.

Die Herausforderungen des 21. Jahrhunderts

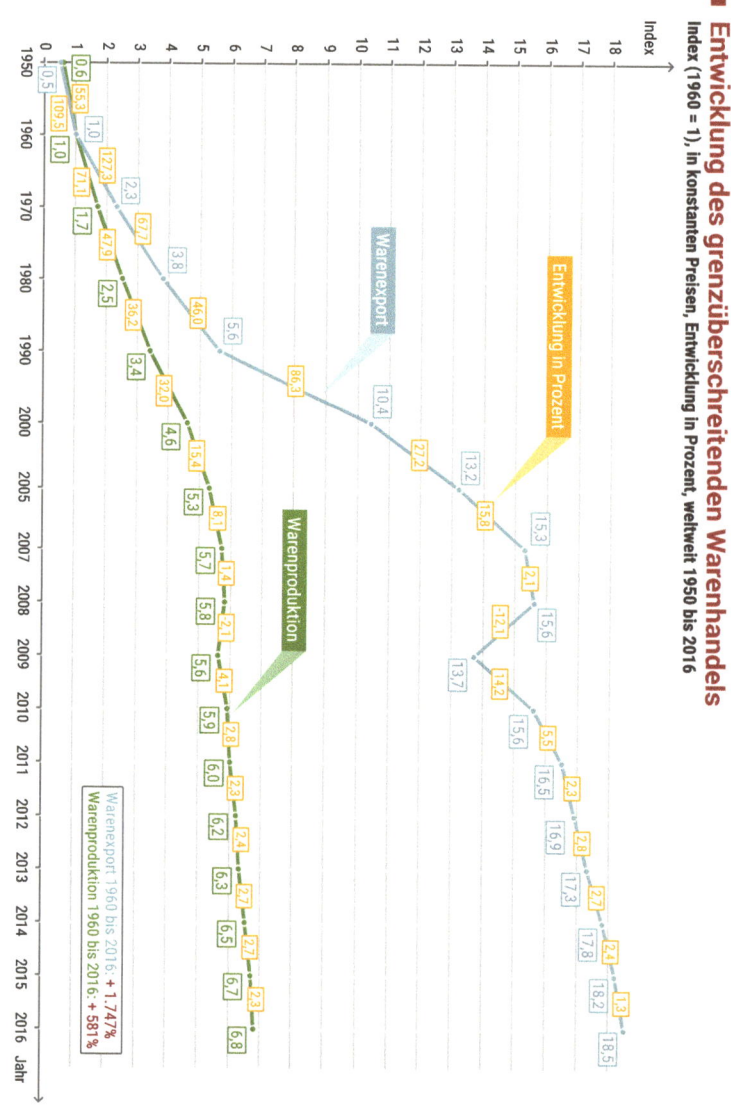

Abb. 1: Die Entwicklung des grenzüberschreitenden Warenhandels von 1950 bis 2016 (Quelle: Bundeszentrale für politische Bildung [2018], o. S.)

Wie aus der obigen Abbildung zu entnehmen ist, schreitet die Globalisierung stetig voran. Ausgenommen der Finanzkrise von 2008 und deren Auswirkungen kann eine stetig steigende Entwicklung des internationalen Warenhandels festgestellt werden. Sowohl der Warenexport als auch die globale Warenproduktion haben in den letzten 60 Jahren enorm zugenommen. Das bedeutet, dass auch dieser Trend eine Herausforderung des 21. Jahrhunderts darstellt und somit Einfluss auf die Unternehmen nimmt. Doch wie äußert sich die Globalisierung und mit welchen Auswirkungen haben Unternehmen zu kämpfen?[22]

2.3 Digitaler Wandel

Die Digitalisierung ist dem digitalen Wandel unterworfen. Mit Digitalisierung ist dabei in erster Linie die zunehmende Bedeutung der Informationstechnologie und insbesondere des Internets gemeint.[23] Sie äußert sich in Wirtschaft und Gesellschaft, was bedeutet, dass sowohl die Unternehmung als auch der Verbraucher Gegenstand des Wandels sind. Das tägliche Leben verändert sich, da sich Technologien wie das Smartphone als Assistenten des täglichen Lebens etabliert haben. Die Digitalisierung wirkt dabei der Verdrängung des stationären Handels entgegen: Durch die Optimierung der Warenströme zwischen Lieferanten und Händlern mit Hilfe digitaler Technologien wird der stationäre Handel weiterhin dominieren. Denn die absolute Verfügbarkeit am PoS kann somit sichergestellt und der Kunde befriedigt werden.[24]

---

[22] Vgl. Bundeszentrale für politische Bildung [2018], o. S.
[23] Vgl. Brühl [2015], S. 21.
[24] Vgl. Brühl [2015], S. 32.

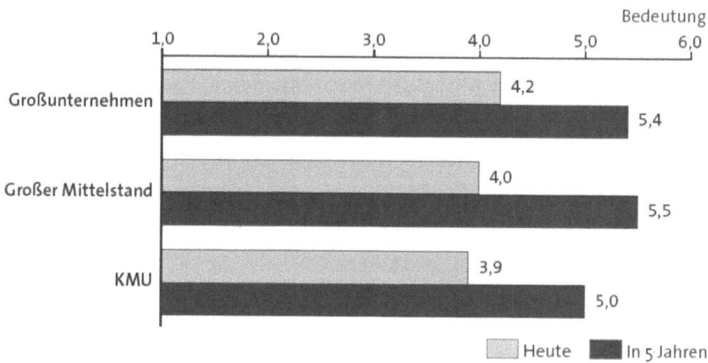

Abb. 2: Die Bedeutung der Digitalisierung heute und in fünf Jahren
(Quelle: Bolesta/Hölzle/Pletsch [2018], S. 12)

Aus der obigen Darstellung ist zu entnehmen, wie wichtig die Digitalisierung in den kommenden Jahren für Unternehmen sein wird. Dies gilt sowohl für Großunternehmen und für den großen Mittelstand als auch für kleinere und mittlere Unternehmen (KMU). Das zeigt, sie haben die Herausforderung erkannt.[25]

Durch die Digitalisierung im Allgemeinen lassen sich Optimierungspotenziale für Unternehmen erschließen. Produkte und Dienstleistungen können dadurch zunehmend günstiger angeboten werden, wodurch ein erhöhter Wettbewerb entsteht. Dies wiederum hat zur Folge, dass sich das Tempo und die Dynamik erhöhen. Die Herausforderung an die Unternehmen, dem Wettbewerbsdruck gerecht zu werden, steigt immer weiter an und eine Voraussage der Entwicklung ist kaum mehr möglich. Dennoch können neue potenzielle Geschäftsmodelle erschlossen werden. Um in der Zeit des digitalen Wandels zu überleben, sind die Unternehmen gezwungen, sich den Vorreitern anzuschließen und Teil dieser Entwicklung zu werden. Das Ziel der Unternehmung ist letztendlich die Implementierung eines fortlaufenden Entwicklungsgedankens, um sich den Marktveränderungen durch neue, digitale Technologien stellen zu können. Dies umfasst den langfristigen Prozess einer digitalen Transformation des eigenen Unternehmens. Zwar erfolgt dieser digitale Wandel innerhalb der Unternehmung, dennoch wirkt er nach außen und bestimmt die zukünftige Wettbewerbsposition. Eine Möglichkeit der Anpassung wäre zum Beispiel

---

[25] Vgl. Bolesta/Hölzle/Pletsch [2018], S. 12.

die Digitalisierung von Geschäftsprozessen. Dies kann ein erheblicher Erfolgsfaktor sein, um sich den ständig ändernden Kundenerwartungen anzupassen.[26]

Die Digitalisierung bewirkt zunehmende Marktveränderungen. Die allgemeine Marktetablierung gestaltet sich dabei deutlich einfacher, da heutzutage die Wertschöpfung immer mehr über Softwareprogramme erbracht wird. Vor allem mittelständische Unternehmen profitieren hierbei, da durch die virtuelle Wertschöpfung keine hohen Anfangsinvestitionen nötig sind. Diese Möglichkeiten führen zu hoher Geschwindigkeit und Agilität. Statt der Bereitstellung neuer Produkte geht es dabei vielmehr um die Optimierung der gegebenen Technologien, um für den Kunden einen Mehrwert zu schaffen.[27]

Jede Branche ist vom digitalen Wandel betroffen. Er verursacht, dass Prozesse entlang der Wertschöpfungskette durch digitale Abläufe ersetzt werden.[28] Die große Herausforderung für viele Unternehmen besteht nun darin, die neugeschaffenen Potenziale nutzbar zu machen, da für Einführung und Weiterentwicklung digitaler Technologien Kompetenzen und Knowhow erforderlich sind.[29]

Mit der zunehmenden Digitalisierung entwickelt sich auch der Begriff Industrie 4.0. Autonome, sich selbst steuernde Maschinen werden immer mehr zu selbstverständlichen Technologien. Durch die Digitalisierung hat sich auch die IT, insbesondere integrierte Computersysteme, Pattformen und Software, weiterentwickelt, wodurch innovative Technologien erst ermöglicht werden.[30]

2.4 Trendanalyse

Inwieweit die Trends des 21. Jahrhunderts in Zukunft für Unternehmen zu einer Herausforderung werden, lässt sich schon heute teilweise abschätzen, die weitere Entwicklung ist aber nicht gänzlich voraussehbar. Jedoch zeigt sich, dass aufgrund der zunehmenden globalen Vernetzung, der Integration, der Digitalisierung usw. die Bedeutung der Logistik in Wirtschaft und Gesellschaft zunehmen wird.[31]

---

[26] Vgl. Kofler [2018], S. 1 f.
[27] Vgl. ebd., S. 1 f.
[28] Vgl. ebd., S. 15 f.
[29] Vgl. ebd., S. 45.
[30] Vgl. Gabler [2018], o. S.
[31] Vgl. Brühl [2015], S. 117.

Durch die neuartigen Möglichkeiten der Globalisierung nimmt die Integration vieler Akteure in der SC enorm zu. Die hohe Anzahl an Partnern führt zu einem komplexen Wertschöpfungsgeflecht und bedarf eines gewissen Koordinations- und Steuerungsaufwands. Die Bedeutung des Supply-Chain-Managements steigt demnach stetig. Der Kunde hat das Privileg, sich aussuchen zu können, wo er sein Produkt kaufen möchte. Unternehmen müssen daher eine noch bessere und schnellere Leistung bereitstellen, um im starken Wettbewerb überleben zu können.[32]

Die Digitalisierung ist ein Trend des 21. Jahrhunderts und stellt somit eine Herausforderung für Unternehmen dar. Doch welche Auswirkungen hat dieser Trend? Hierbei kann angenommen werden, dass sich die Wertschöpfungskette aufgrund der fortschreitenden Digitalisierung enorm ändern wird.[33] Unternehmen werden verstärkt partnerschaftliche Beziehungen zu ihren Lieferanten aufbauen müssen.[34] Die Konzentration fällt auf den Kunden. Sein Nutzen, seine Erfahrungen und seine Einschätzung werden maßgebliche Faktoren, die die Ausrichtung der zukünftigen Wertschöpfungskette beeinflussen. Zum einen können Unternehmen z. B. über die Nutzung sozialer Medien die Bedürfnisse und Wünsche des Kunden identifizieren. Zum anderen verläuft die Kommunikation durch die Digitalisierung immer intensiver, inhaltlich gehaltvoller und vor allem in Echtzeit. Dadurch erhält das Unternehmen schnell sehr viele Daten, mit denen es den Kunden kennenlernen und verstehen lernen kann. Durch die Auswirkungen auf die Wertschöpfungskette ist die Konzentration auf die vertikale Ebene der SC notwendig. Denn mit dem Fokus auf die Bedürfnisse des Kunden wird die Wertschöpfungskette volatiler und das Management der Supply Chain-Schnittstellen immer schwieriger.[35]

Laut einer aktuellen Trendstudie des Bundesvereins Logistik ändert sich die Wertschöpfungskette auch im Logistikbereich. Logistikziele werden zunehmend anders priorisiert: Die Erfüllung von Kundenanforderungen, Lieferzuverlässigkeit und Termintreue sowie Logistikkosten stehen von nun an, an erster Stelle. Zukünftig werden sich auch die Strukturen der Vertriebswege verändern. Durch entsprechende Plattformen und Internetportale werden Logistikdienstleistungen immer minimaler sowie kundenspezifischer und verdrängen damit die konventionellen Methoden. Eine weitere Auswirkung wird darin bestehen, dass Lieferanten

---

[32] Vgl. Brühl [2015], S. 117.
[33] Vgl. ebd., S. 117.
[34] Bolesta/Hölzle/Pletsch [2018], S. 13.
[35] Vgl. Weber [2017], S. 11 f.

zukünftig in der Lage sein müssen, sich an durchgängige IT-Systeme anzubinden. Im Logistikbereich wird erwartet, dass die Kosten für Bestandsführung, Lagerhaltung und Administration durch die Digitalisierung sinken werden. Der Handel geht jedoch zukünftig von höheren Kosten für Verpackung und Retouren aus.[36]

Mit der zunehmenden Digitalisierung stellt sich jedoch auch die Frage nach der Datensicherheit. Laut einer Bitkom-Studie aus dem Jahr 2015 haben 51 % der befragten Unternehmen angegeben, bereits Opfer von Spionage oder Datenentwendung gewesen zu sein. Der dabei entstandene Schaden von 51 Milliarden Euro entspricht 1,75 % des jährlichen BIP.[37] Auch durch das im Rahmen von Big Data durch die Bundesregierung verabschiedete IT-Sicherheitsgesetz nimmt das Thema IT-Sicherheit in Unternehmen eine immer wichtigere Rolle ein. Nicht nur Finanz- oder Kundendaten sind für Hacker von großem Interesse, sondern zunehmend auch Produkt- und Preisinformationen, Personaldaten und sogar Konditionen und Strategien, die mit den Lieferanten und Kunden ausgemacht wurden.[38]

Laut einer Studie des EHI Retail Instituts werden die Unternehmen in Zukunft mehr Wert auf die IT legen. Dies lässt sich aus den leicht steigenden IT-Budgets in Unternehmen folgern. Diese belaufen sich zunehmend auf über 1,25 % des Nettoumsatzes. Im Jahr 2011 gaben 32 % der befragten Unternehmen an, diese Budgeterhöhung bereits zu verwirklichen, und 40 % erwarten auch in der Zukunft höhere IT-Budgets.[39]

Diese Trends stellen für die Logistikindustrie eine Herausforderung, gleichzeitig aber auch eine Chance dar. Jedoch können diese Chancen nur auf Basis einer guten Zusammenarbeit aller Akteure der SC, die an der Wertschöpfung des Produkts vom Rohmaterial bis zum Endprodukt beteiligt sind, genutzt und die sich ergebenden Potenziale erschlossen werden. In den folgenden Kapiteln wird daher die Bedeutung dieser Zusammenarbeit in den Fokus gerückt und die einzelnen Akteure näher betrachtet.[40]

---

[36] Kersten et al. [2017], S. 12.
[37] Vgl. Bitkom [2015], S. 5.
[38] Vgl. Gerling [2017], S. 126.
[39] Vgl. ebd., S. 122 f.
[40] Vgl. Lehmacher [2015], S. 15.

3 Supply Chain Collaboration

Unter einer Collaboration (zu Deutsch Kollaboration) kann das wechselseitige Erschließen wirtschaftlicher Vorteile der Wertschöpfungspartner durch eine optimierte Steuerung und Integration von Geschäftsprozessen verstanden werden. Der Fokus liegt dabei auf einer aktiven und intensiven Zusammenarbeit der Kollaborationspartner. Auf der Grundlage von Informationen und Daten wird die Optimierung der Logistikaktivitäten von Unternehmen mit Hilfe von Standards ermöglicht, was eine engere Erweiterung der Kooperation darstellt. Die Supply Chain Collaboration (SCC) ist ein Element des Supply-Chain-Managements, zielt jedoch nicht auf die ganzheitliche Optimierung aller Prozesse entlang der SC ab, sondern konzentriert sich vielmehr auf die Schnittstelle zwischen den Kollaborationspartnern[41].

In diesem Kapitel wird nun ein konzeptioneller Überblick über die Grundlagen einer SCC geschaffen, um letztendlich auf das kollaborative Modell des ‚Collaborative Planning, Forecasting and Replenishment' schließen zu können.

3.1 Bedeutung des SCM

„Eine Supply Chain kennzeichnet interne wie netzwerkgerichtete integrierte Unternehmensaktivitäten von Versorgung, Entsorgung und Recycling, inklusive begleitende Geld- und Informationsflüsse."[42] Diese Definition gibt laut Werner die elementaren Inhalte eines Supply Chain Managements (SCM) wieder.

Aufgrund der Tatsache, dass sich damit erhebliche Rationalisierungspotenziale realisieren lassen, hat das SCM im letzten Jahrzehnt enorm an Bedeutung gewonnen. Daher streben immer mehr Unternehmen die Implementierung dieses Management-Ansatzes an.[43]

Eine Supply-Chain, zu Deutsch Lieferkette oder Versorgungskette, setzt sich aus Akteuren zusammen, die an der Wertschöpfung eines Produkts vom Rohstoff bis zur Herstellung des Endprodukts beteiligt sind.[44] In der Literatur wird die SC nach dem Ansatz von Michael E. Porter auch als Wertschöpfungskette bezeichnet. Demnach wird das Unternehmen nicht mehr nur als Ganzes betrachtet, sondern

---

[41] Vgl. Petzinna [2007], S. 109 ff.
[42] Werner [2013], S. 6.
[43] Vgl. ebd., S. 1–7.
[44] Vgl. ebd., S. 5.

vielmehr als Konstrukt strategischer Tätigkeiten sowohl interner als auch netzwerkbezogener Aktivitäten.[45] Aufgrund der hohen Anzahl an Akteuren (z. B. mehrere Rohstofflieferanten) und der komplexen Zusammenhänge vor- und nachgelagerter Bereiche wird die SC lediglich in der Theorie als ‚Kette' dargestellt. In der Praxis kann sie mehr als Netzwerk vieler zusammenhängender Glieder beschrieben werden.[46]

Das SCM entwickelte sich aus dem Logistikgedanken heraus[47], wobei es eher eine Management-Philosophie darstellt. Im Vergleich zur Logistik wird die physische Leistungserbringung wie Transport, Umschlag, Lagerung hierbei durch den Material- und Informationsfluss sowie letztendlich den Endkundenkontakt ergänzt. Im SCM erfolgt die Betrachtung der SC somit unter der Orientierung am Endkunden. Der Kunde steht im Mittelpunkt der Betrachtung und ist maßgeblicher Akteur der SC. Die Schnittstellen entlang der SC werden daher danach optimiert, dass der Kunde sein gewünschtes Produkt erhält und zufriedengestellt wird.[48]

Das SCM erhält eine starke Bedeutung im Rahmen der Thematik, da es sich laut Lödding an zwei grundlegenden Prinzipien bedient: zum einen die Information und zum anderen die Kooperation. Laut Lödding ziehen sich diese beiden Prinzipien durch fast alle Methoden des SCM. Wesentliche Informationen sind hierbei die Nachfrage des Kunden, Bestandsinformationen zu nachfolgenden Gliedern der SC, Informationen zu den Kapazitäten (Be- und Auslastung), Frühwarnsysteme (Abweichungen), Kosteninformationen und Informationen über die Zielerreichung. Als wesentliche Ziele definiert Lödding eine geringe Liefer- und Durchlaufzeit, eine hohe Liefer- und Termintreue, einen hohen Servicegrad, die Reduktion von Beständen und Bestandskosten sowie eine hohe Auslastung. Die Kooperation hat das Ziel, unter Berücksichtigung aller Netzwerkpartner eine bestmögliche Lösung für das gesamte logistische Netzwerk zu generieren. Dabei soll möglichst eine Win-win-Situation, also ein klar definierter Nutzen, für alle Akteure der SC erreicht werden.[49]

Ganz nach dem Motto ‚Do the things right and do the right things' reagiert das SCM effektiv und effizient auf interne und externe Hindernisse, die auf das

---

[45] Vgl. Porter [2014], S. 61.
[46] Vgl. Kurbel [2016], S. 409 f.
[47] Vgl. Poppe [2013], S. 45.
[48] Vgl. Werner [2013], S. 5.
[49] Vgl. Lödding [2016], S. 157–160.

Unternehmen zukommen. Somit kann es auch als Management-Ansatz zur Bewältigung und Annahme der Herausforderungen betrachtet werden, welche im vorangegangenen Kapitel angesprochen worden sind.[50]

3.2 Kooperationen in der Beschaffung

Als Kooperation wird im deutschsprachigen Gebrauch allgemein die Zusammenarbeit, besonders auf politischem oder wirtschaftlichem Gebiet, bezeichnet. Weitere Synonyme für eine Kooperation sind Gemeinschaftsarbeit, Gemeinschaftsproduktion oder auch Verbund.[51] Im Unternehmenskontext ist eine Kooperation die Zusammenarbeit zwischen rechtlich und wirtschaftlich unabhängigen Partnern zur Steigerung gemeinsamer Wettbewerbsvorteile.[52] Laut Werner entspricht die Kooperation im SCM einer Strategie, welche die Versorgung, die Entsorgung und das Recycling in einer Lieferkette unterstützt. Dabei gibt es zwei unterschiedliche Formen der Kooperation: zum einen die vertikale und zum anderen die horizontale Kooperation.

Die vertikale Kooperation bezieht sich auf die vor- und nachgelagerten Bereiche eines Unternehmens. Eine Kooperation auf dieser Ebene kann z. B. mit Lieferanten und Kunden erfolgen. Die horizontale Kooperation dagegen richtet sich auf Partner derselben Wertschöpfungsebene, z. B. Konkurrenten oder strategische Allianzen.[53] Entschließen sich Unternehmen zu einer Kooperation, versprechen sie sich hiervon bestimmte Vorteile. Das generelle Ziel einer Kooperation besteht darin, die eigene Wettbewerbsposition zu verbessern.[54] Im Rahmen dieser Zielverfolgung können einige Vorteile generiert werden, z. B. die Risikominimierung, die Steigerung der Reaktionszeit, das Erzielen von Degressionseffekten oder auch der Transfer von Knowhow.[55]

Um Kooperationen in der Beschaffung zu realisieren, wird die vertikale Strategie angewendet. Dabei können sowohl im Marketing- als auch im Logistikbereich erhebliche Potenziale erschlossen werden. Statt einzelner Preisverhandlungen und separater Verkaufsförderungsmaßnahmen werden die Beschaffungsprozesse so

---

[50] Vgl. Werner [2013], S. 30.
[51] Dudenredaktion [o. J.], o. S.
[52] Gabler [2018], o. S.
[53] Vgl. Werner [2013], S. 117 f.
[54] Vgl. Lödding [2016], S. 159.
[55] Vgl. Kurbel [2016], S. 418 f.

aufeinander abgestimmt, dass die individuellen Bedürfnisse schneller, besser und kostengünstiger erfüllt werden können.

Um Kooperationen im Beschaffungsprozess erfolgreich zu realisieren, ist vor allem die Technologie eine wichtige Grundvoraussetzung. So müssen Informations- und Kommunikationstechnologien, Datentransparenz und kompatible Systeme vorhanden sein.[56] Für viele Unternehmen stellt jedoch schon das Zur-Verfügung-Stellen interner Informationen ein empfindliches Thema dar und es besteht die Angst, die Daten könnten zweckentfremdet oder Informationen nachteilig gegen das Unternehmen verwendet werden.[57] Daher ist das gegenseitige Vertrauen eine wichtige Voraussetzung für eine erfolgreiche Kooperation.[58]

Besonders das ECR erhält im Rahmen des SCM und im Kooperationskontext eine starke Bedeutung. Mit der Konzentration auf die effiziente Befriedigung von Kundenbedürfnissen und den durchgängigen Kooperationsgedanken stellt das ECR ein Instrument zur Verwirklichung einer Kooperation auf Beschaffungsebene dar.[59]

3.3 Vom Push- zum Pull-Prinzip

Mit dem Übergang vom Push- zum Pull-Prinzip ist der Wechsel vom Verkäufer- zum Käufermarkt gemeint. Die Macht auf dem Markt geht also vom Verkäufer auf den Käufer über. Nach dem traditionellen Push-Prinzip ‚drückt' der Verkäufer bzw. das Liefersystem (Hersteller, Großhändler und Einzelhändler) das Produkt in den Markt und gibt das Angebot vor. Aufgrund langfristiger Planung und Prognose werden Produkte in hoher Anzahl hergestellt und es werden Lagerbestände aufgebaut, ohne die tatsächlichen Abverkäufe zu berücksichtigen. Diese Form findet Einsatz, wenn die Produktions- und Liefersysteme nicht transparent und flexibel genug sind, sodass ein schnelles Umrüsten und die Herstellung kleiner Mengen zu hohen Kosten führen.[60]

Aus diesem Grund versuchen die Händler z. B. durch Sonderangebote, eine hohe Menge an Produkten in den Einzelhandel zu ‚drücken'. Es resultieren hohe Transportkosten, kostenaufwendige Produktionsspitzen und die Kapazitäten sind

---

[56] Vgl. Georg [2006], S. 13 f.
[57] Vgl. Kurbel [2016], S. 420 f.
[58] Vgl. Georg [2006], S. 13 f.
[59] Vgl. ebd., S. 13 f.
[60] Vgl. Kurbel [2016], S. 405.

überlastet. Aufgrund der begrenzten Verfügbarkeit an Verkaufsflächen entsteht ein hoher Verkaufsdruck. Die Händler müssen die Waren reduzieren, um die Nachfrage zu steigern, damit kein Verfall entsteht. Die Folgen sind, dass sowohl Industrie als auch Handel mit einem Wertverlust rechnen müssen und die Kunden Waren nur noch im Rahmen von Sonderangeboten und reduzierten Preisen kaufen.[61]

Um diese Problematik zu vermeiden, wird der Versorgung zunehmend gemäß dem Pull-Prinzip umgestaltet. Dieses ist gekennzeichnet durch die Macht des Käufers. Der ‚zieht' nun das Produkt nach seinen Bedürfnissen und Vorstellungen in den Markt. Er gibt also vor, welches Produkt er in welcher Art und Weise haben möchte.[62]

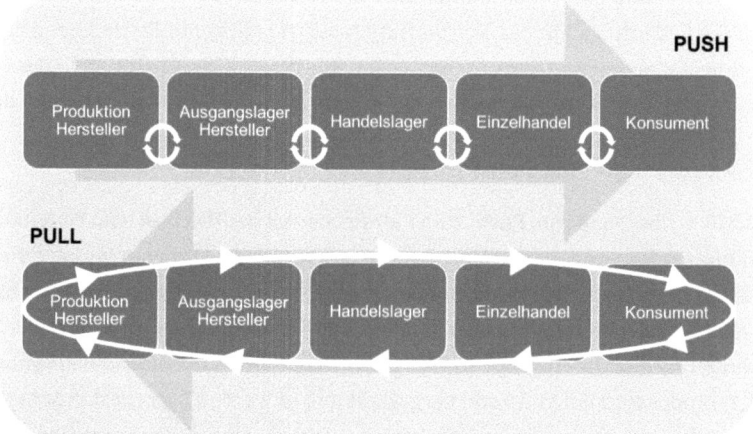

Abb. 3: Das Push- und das Pull-Prinzip inklusive der Informations- und Kommunikationsströme
(Quelle: eigene Darstellung in Anlehnung an Georg [2006], S. 62)

Die obige Abbildung stellt das Push- und das Pull-Prinzip verbildlicht dar. Dabei wird deutlich, dass die Kommunikation und die Informationsweitergabe beim Pull-Prinzip vom Konsumenten ausgehen und somit ein Kreislauf entsteht. Dieser Kreislauf ermöglicht den ständigen Abgleich mit den Bedürfnissen des Konsumenten. Die Produktion richtet sich demnach nur nach der aus dem Regal gezogenen Ware und deren Nachlieferung. Das Pull-Prinzip wird aus diesem Grund auch ‚Consumer-

---

[61] Vgl. Seifert [2002], S. 30 f.
[62] Vgl. Kurbel [2016], S. 405.

Driven System' genannt[63]; es werden keine Lagerbestände aufgebaut wodurch keine unnötigen Kosten entstehen. Dies setzt jedoch voraus, dass ein hoher Umfang an Daten über Informations- und Kommunikationstechnologien (IuK) zur Verfügung steht.[64]

Die Nachfrage wird z. B. über Abverkaufsdaten am Point of Sale (PoS) analysiert. Somit liegt der Fokus auf dem Kunden und seinem Kaufverhalten. Produktion und Distribution erhalten die Daten in Echtzeit und stellen auf dieser Grundlage das Produkt bereit. Die Distribution stellt dabei die Verbindung zwischen Händler und Kunde dar. Dieser Grundgedanke basiert auf den Prinzipien und den Denkschulen des Efficient Consumer Response-Konzepts, das im folgenden Abschnitt näher beleuchtet wird.[65]

3.4 ECR

„Efficient Consumer Response ist ein umfassendes Managementkonzept auf der Basis einer vertikalen Kooperation von Industrie und Handel mit dem Ziel einer effizienten Befriedigung von Konsumentenbedürfnissen. Die Instrumente von ECR sind das Supply Chain Management (Kooperationsfeld Logistik) und das Category Management (Kooperationsfeld Marketing)."[66]

Das Efficient Consumer Response (ECR oder zu Deutsch die effiziente Reaktion auf Kundennachfrage) ist eine Managementstrategie des SCM, um die Versorgung zwischen Industrie und Handel sicherzustellen.[67] Der Begriff entwickelte sich in den 1990er Jahren, als die amerikanische Handels-und-Konsumgüterindustrie aufgrund massiver Probleme bei der Verbesserung ihrer Marktposition dazu gezwungen war, ihre Versorgungsstrukturen neu zu überdenken.[68] Aus diesem Gedanken heraus entwickelte sich die ECR als Strategie fort von dem traditionellen Push-Prinzip und hin zu einer effizienten Form der Versorgung, dem Pull-Prinzip.[69]

Zwei maßgebliche Ansätze bilden die Grundlage des Konzepts: die Orientierung an den Bedürfnissen und Wünschen des Kunden (Konsumentenorientierung) und die

---

[63] Vgl. Georg [2006], S. 62.
[64] Vgl. Kurbel [2016], S. 405.
[65] Vgl. Seifert [2002], S. 31.
[66] Seifert [2002], S. 29.
[67] Vgl. Werner [2013], S. 125.
[68] Vgl. Seifert [2002], S. 27.
[69] Vgl. Georg [2006], S. 62.

Orientierung an der Optimierung aller Prozesse entlang der Wertschöpfungskette (Wertschöpfungsorientierung).[70]

3.4.1 Grundlage und Ansatz

Das Supply Chain Management und das Category Management stellen die beiden Basisstrategien des ECR dar, die sich zum einen auf den Logistikbereich und zum anderen auf den Marketingbereich beziehen.[71]

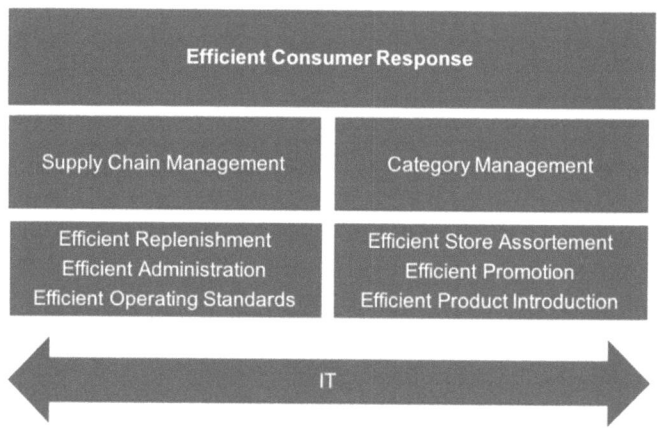

Abb. 4: Die Basisstrategien des Efficient Consumer-Response
(Quelle: eigene Darstellung in Anlehnung an Seifert [2002], S. 28 und Werner [2013], S. 126)

Die obige Abbildung stellt das ECR-Konstrukt verbildlicht dar. Das CM beschäftigt sich mit Marketingaufgaben wie der Sortimentsgestaltung (ESA), der Verkaufsförderung (EP) und Produkteinführungen (EPI). Auch das SCM bedient sich an Substrategien wie der Nutzung realer Abverkaufsdaten am PoS als Grundlage für eine nachfragesynchrone Produktion und Distribution (ER), der Einführung einheitlicher Regelungen zur Standardisierung der SC (EOS) und der Anpassung der Geschäftsmodelle an administrative Tätigkeiten (EA).[72] Der Pfeil in Abbildung vier kennzeichnet die Verbindung der beiden Komponenten durch eine durchgängige IT-Architektur. Damit soll der ständige Daten- und Informationsaustausch

---

[70] Vgl. Seifert [2006], S. 49.
[71] Vgl. Georg [2006], S. 65–68.
[72] Vgl. ebd.

verdeutlicht werden, der für eine erfolgreiche Umsetzung des ECR benötigt wird. Um im weiteren Verlauf das CPFR näher zu betrachten, wird ausschließlich auf die linke Säule des ECR-Konstrukts eingegangen.[73]

Der Grundgedanke des ECR ist eine kooperative Zusammenarbeit zwischen Industrie und Handel, um die Schnittstellen, die sich im Beschaffungsprozess ergeben, zu optimieren. In der Literatur wird auch von einer ‚Wertschöpfungspartnerschaft' der beteiligten Parteien gesprochen.[74] Das zentrale Ziel ist dabei ein reagierendes, verbrauchergesteuertes System zwischen Produktion und Point of Sale ohne Qualitätsminderung und Verzögerungen sowohl innerhalb der der Organisation als auch zwischen den Partnern.[75]

Mit Hilfe des ECR soll dem Problem des Konsumenten entgegengewirkt werden. Sie ermöglicht es den einzelnen Akteuren, die komplexen Bedürfnisse schneller und besser zu erkennen und dadurch eine bessere, auf den Kunden zugeschnittene Einzelleistung durch Händler und Hersteller zu erreichen. Dadurch kann ein ganzheitliches, aber dennoch individuelles Leistungsangebot generiert werden. Auf diese Weise können auch eine Steigerung der Handelsleistung und eine Erhöhung der Kaufbereitschaft des Kunden realisiert werden.[76]

3.4.2 Modelle und Abgrenzung

Die Logistikkomponente des ECR bedient sich verschiedener Modelle, die die allgemeinen Ziele des SCM verfolgen. Einige hiervon sind das Vendor Managed Inventory, das Cross Docking, die Synchronized Production und das Collaborative Planning, Forecasting and Replenishment. Diese dienen einer bestmöglichen Erreichung der Kosten-, Zeit, Qualitäts- und Flexibilitätszielen. Zumindest wird das bestmögliche Zielverfolgen angestrebt, da die Folgen einer Nichtbeachtung nur eines dieser Ziele in negativen Auswirkungen resultieren kann. Eine extreme Ausrichtung auf die Kostensenkung könnte zur Folge haben, dass die Qualität des Produkts oder der Dienstleistung vermindert wird.[77]

Wie die deutsche Übersetzung schon sagt, ist das Vendor Managed Inventory, ein herstellergesteuertes Bestandsmanagement. Dabei erfolgt die Verlagerung des

---

[73] Vgl. Werner [2013], S. 126 f.
[74] Vgl. Seifert [2006], S. 50.
[75] Georg [2006], S. 58.
[76] Vgl. Lammers [2012], S. 106 f.
[77] Vgl. Werner [2013], S. 127.

Bestandsmanagements von der vor- auf die nachgelagerte Stufe des logistischen Prozesses. Das heißt, der Kunde überträgt die gesamte Einkaufs-und Bestellmacht auf den Hersteller. Dieser kann auf Grundlage der Daten aus den Abverkäufen am PoS seine Produktion und Distribution effizient planen. Diese Daten kann der Hersteller für die ergänzenden Prognose, die Bedarfs- und die Marktanalyse verwenden. Die Grundvoraussetzung dabei ist, dass die Informationszugänge gewährleistet sind.[78]

Das Cross Docking ist eine besonders effiziente Form der Warenverteilung. Ein zentraler Ort, der sogenannte Cross Docking Point oder Transshipment-Point, dient der verbrauchsorientierten Warenverteilung. Die Waren werden angeliefert und je nach Bedarf zusammengestellt sowie ausgeliefert. Dadurch kann eine ‚filialgerechte' Versorgung des Handels erfolgen und dem Aufbauen eines Lagerbestandes wird entgegengewirkt.[79]

Die Synchronized Production oder synchrone Produktion basiert auf der Grundlage des Pull-Prinzips. Produkte werden erst dann hergestellt, wenn der Kunde dies ausdrücklich wünscht. Auch diese Form greift auf Scannerdaten vom PoS zurück. Der Informationsaustausch zwischen Industrie und Handel erfolgt mittels EDI.[80]

Gemein ist allen Modellen, die laut Lödding den Grundprinzipien des SCM entsprechen, der Informations- und Kooperationsgedanke. Die Modelle können folglich in der Praxis nur erfolgreich umgesetzt werden, wenn ein umfangreicher Daten- und Informationsaustausch stattfindet.[81] Das CPFR stellt nun ein Konzept dar, das auf den vorgestellten Modellen aufbaut. Es wird in der Literatur als eine Weiterentwicklung ders Efficient Consumer Response gewertet. Das CPFR soll demnach weitere Potenziale und Leistungssteigerungen erschließen und realisieren.

Da dieses Modell das zentrale Thema dieser Arbeit darstellt, wird das CPFR im Folgenden ausführlich und umfassend vorgestellt.[82]

---

[78] Vgl. Seifert [2006], S. 124.
[79] Vgl. Georg [2006], S. 72.
[80] Vgl. ebd., S. 72.
[81] Vgl. Werner [2013], S. 140 f.
[82] Vgl. Seifert [2002], S. 55.

4 CPFR als Weiterentwicklung des ECR

Mit ‚Collaborative Planning Forecasting and Replenishment' bezeichnet man die gemeinschaftliche Planung, Prognose und den Nachschub mit Akteuren von Produkten und bietet den Unternehmen somit ein Instrument, um die Versorgung zwischen Industrie und Handel effizient zu gestalten. Wie aus der vorherigen theoretischen Grundlage hervorgeht, handelt es sich hierbei um ein Konzept, dessen Ursprünge im SCM liegen und das eine Weiterentwicklung des ECR darstellt.[83] Das CPFR baut konzeptionell auf den bisher beschriebenen Logistikkonzepten (CD, VMI, SP) auf und versucht, deren Schwächen durch spezielle Erweiterungen zu beheben.[84]

Um ein umfangreiches Verständnis über das zentrale Thema dieser Arbeit zu schaffen, wird das CPFR im Folgenden gründlich beleuchtet. Dabei wird auf die Bedeutung der Entstehung, die Definition, die Funktionsweise und das Prozessmodell eingegangen. Zudem werden Faktoren erläutert, die laut der Theorie eine erfolgreiche Umsetzung ermöglichen, und es werden die Vorteile genannt, die sich für Industrie und Handel ergeben.

4.1 Die Entstehung des CPFR

„We wanted to create a business model in which we collaboratively forecast replenished inventory." So definierte Warner-Lambert die Idee hinter dem Pilotprojekt der Kooperation zwischen Warner-Lambert und dem Handelsriesen Wal-Mart im Jahr 1995. Das Ziel war es, die Versorgung der Mundpflegeserie Listerine so zu optimieren, dass eine verbesserte Absatzplanung und Bestandsführung realisiert werden konnten.

Das Vorläufermodell des Projekts trug den Namen ‚Collaborative Forecasting and Replenishment' (CFAR). Es wurde unter anderem von den beiden IT-Unternehmen SAP und Manugistics sowie dem Beratungsunternehmen Benchmarking Partners unterstützt. Da bis dato keine Informationen zu den Absatzmengen zur Verfügung gestanden hatten, hatte sich Warner-Lambert dazu entschieden, hohe Bestände anzulegen, um Lieferengpässe sowie Stock-out-Situationen zu vermeiden. Hinzu kam,

---

[83] Vgl. ebd.
[84] Völker/Neu [2008], S. 37.

dass es zuvor große Nachfrageschwankungen vor allem bei Promotionsaktionen gegeben hatte. Dies veranlasste die Initiierung des Pilotprojekts.

Im Rahmen von CFAR wurden zunächst die Abverkäufe am PoS mit den Bestellprognosen verglichen. Dies führte zur Erkennung von Abweichungen und die Partner erhielten die Möglichkeit, schnell zu reagieren. Das Ergebnis war die Vergrößerung des Bestellrhythmus von neun Tagen auf sechs Wochen. Dies führte zu einer optimalen Produktionsvorlaufzeit und damit zum Abbau der bisherigen Lagerbestände. Im Umkehrschluss bedeutete dies, dass die Kostenposition und die Umsatzentwicklung von Warner-Lampert und Wal-Mart verbessert werden konnten.[85]

Um dieses neue Konzept zu standardisieren, definierten mehrere Initiativen, insbesondere die sogenannte Voluntary Interindustry Commerce Standard Association (VICS) und das Uniform Code Council (UCC) in den USA sowie die Global Standards One (GS1) in Deutschland, eine einheitliche Definition und ein universal anwendbares Prozessmodell. Dabei wurde das Modell um die Planungskomponente ergänzt und erhielt fortan den Namen ‚Collaborative Planning, Forecasting and Replenishment' (CPFR). Im Jahr 1998 erfolgte schließlich die Veröffentlichung der ‚CPFR Voluntary Guidelines', welche 2002 unter dem Namen ‚CPFR Roadmap' überarbeitet und erweitert wurden.[86]

Den Status einer Weiterentwicklung des ECR erhält das CPFR aufgrund der veränderten Situation auf Führungsebene. Hierbei geht es nicht mehr nur um Verkaufs- und Bestellprognosen bei den Herstellern bzw. dem Handel, sondern um die gemeinschaftliche Generierung dieser Daten und damit die Übertragung der Verantwortung auf beide Partner.[87]

4.2 Definition

Wie aus dem vorangegangenen Unterpunkt hervorging, entwickelte sich das CPFR im Rahmen der Praxis. Zwar haben Initiativen wie VICS, UCC und GS1 die Standardisierung des Modells angestrebt, dennoch gibt es in der Literatur nach wie vor verschiedene Definitionen. Im Folgenden wird mit Hilfe einiger Definitionen versucht, das CPFR-Modell näher zu bestimmen.

---

[85] Vgl. Seifert [2002], S. 58 f.
[86] Vgl. Vahrenkamp/Kotzab [2012], S. 387 f.
[87] Vgl. ebd.

Laut Fenell ist das CPFR „eine Geschäftsstrategie zwischen Handelspartnern zur Zusammenarbeit an einer einzelnen gemeinsamen Vision des prognostizierten Verbraucherbedarfs auf Verkaufsstellenebene"[88].

ECR Austria definiert den Begriff als „[...] Partnerschaftskonzept zwischen zwei oder mehreren Partnern in der Logistikkette (zum Beispiel Händler und Produzent) mit dem Ziel, auf Basis einer gemeinsamen Planung synchronisierte Prognosen zu erstellen. Damit werden sowohl Produktions- als auch Bestellabwicklungsprozesse optimiert."[89]

Und laut Seifert entspricht das CPFR einer „branchenübergreifenden Initiative, die das Verhältnis Vorlieferant-Hersteller-Händler durch gemeinsam gemanagte Planungsprozesse und geteilte Informationen verbessern soll"[90].

Zusammenfassend lässt sich das CPFR als Beschaffungsstrategie des SCM werten. Dabei handelt es sich um ein kollaboratives Konzept zur gemeinsamen Steuerung der Planungs-, Prognose- und Bevorratungsprozesse zwischen Industrie und Handel. Es ist universal für jede Branche anwendbar und zielt auf eine Optimierung der Versorgung des Handels hin. Das Ziel von CPFR ist es, durch eine optimale Zusammenarbeit aller Beteiligten der SC den Konsumentennutzen zu erhöhen.[91]

4.3 Funktionsweise und Prozessmodell

Das CPFR-Prozessmodell dient der Implementierung durch Unternehmen und wurde von der Initiative VICS als Standard festgelegt. Das Prozessmodell besteht aus drei Stufen und neun Schritten. Die erste Phase umfasst die Planung (Planning), die zweite die Prognose (Forecasting) und die dritte den Bestellprozess (Replenishment).[92]

---

[88] Fenell [2002], S. 163
[89] Schaffer [o. J.], o. S.
[90] Seifert [2002], S. 55 ff.
[91] Vgl. Seifert [2002], S. 55 ff.
[92] Vgl. Seifert [2006], S. 352.

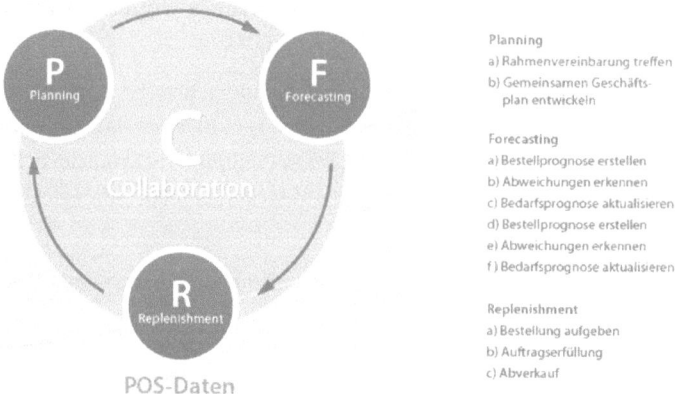

Abb. 5: Die drei Phasen des CPFR-Prozessmodells und dessen Inhalte
(Quelle: GS1 Germany [o. J. a.], o. S.)

In der Planungsphase werden die Schritte eins und zwei des Prozessmodells abgewickelt, deren Hauptbestandteil das Vertragsmanagement ist. In Schritt eins werden dabei Aufgaben, Regelungen und Grundsätze für die Zusammenarbeit in einer Rahmenvereinbarung festgelegt und es werden Ziele, Aktivitäten und Ressourcen definiert. Durch die Einwilligung beider Kooperationspartner in die Rahmenvereinbarung kann die Durchführung des Prozessmodells erfolgen und zukünftigen Unstimmigkeiten kann entgegengewirkt werden.[93] Bestandteil der ersten Phase sind die folgenden zehn Aktivitäten: die Definition des Mission-Statements, der Ziele und Aufgaben, die Identifizierung des Ressourcen- und Kompetenzgebrauchs, die Festlegung von Kooperationspunkten, die Definition des Datenaustauschs, die Verbindlichkeit von Liefer- und Bestellzusagen, die Ressourcenallokation, die Vereinbarung von Verhaltensregeln, die regelmäßige Bewertung der Verhaltensregeln und die Zustimmung in die Kooperationsvereinbarung.

Der zweite Schritt ist die gemeinsame Entwicklung eines Geschäftsplans unter Berücksichtigung der eigenen Ziele und Vorstellungen. In der Literatur wird diesbezüglich auch vom Kernstück des Prozessmodells gesprochen, da nach diesem Geschäftsplan die daraufffolgenden Schritte geplant und aufgebaut werden. Hierbei werden z. B. im Rahmen des CM Warengruppen für den PoS ausgewählt. Außerdem

---

[93] Vgl. Georg [2006], S. 84 f.

beinhaltet der Geschäftsplan Informationen zur Vorlaufzeit, zu den Intervallen und dem Minimum an Mengen der geplanten Aufträge.[94]

Mit dem dritten Schritt beginnt die Prognosephase. Hierbei geht es um die Prognose der Abverkäufe. Das Ziel dieser Prognose ist es, die Warenverfügbarkeit so zu optimieren, dass diese auf den Konsumenten abgestimmt ist. Die wesentlichen Größen hierbei bilden die Daten vom PoS, die Aktionspläne sowie die Bestands- und Stammdaten.[95]

In Schritt vier werden Ausnahmen der Verkaufsprognosen identifiziert. Das bedeutet, dass Abweichungen zu den im ersten Schritt definierten Abverkäufen in der Rahmenvereinbarung gefiltert und als Ausnahmesituation gekennzeichnet werden. Ein Beispiel hierfür ist die Nachfrageschwankung durch saisonale Produkte.[96]

Der fünfte Schritt umfasst die gemeinsame Neuverhandlung der Verkaufsprognose unter Berücksichtigung der zuvor identifizierten Ausnahmen. Die Grundlage für diesen Schritt ist eine gute partnerschaftliche Verhandlungsbasis, anhand der eine neue, übereinstimmende Prognose erstellt werden kann. Ein Merkmal dabei ist, dass Änderungen in Echtzeit kommuniziert werden.[97]

Schritt sechs enthält die Entwicklung einer Bestellprognose. Dies kann nur auf Grundlage der zuvor erstellten Abverkaufsprognose erfolgen. Die tatsächlichen Abverkäufe am PoS, offene Aufträge und Transitwaren sowie die jeweiligen Bestandsstrategien der Kooperationspartner bilden hierbei die wesentlichen Größen. Erneut werden die Rahmenvereinbarungen aus den ersten Schritten miteinbezogen. Die daraus entstandene Bestellprognose beinhaltet eine detailliertere Darstellung der Daten aus dem gemeinsamen Geschäftsplan und der Verkaufsprognose.[98] Die Prognose stellt eine Entscheidungsgrundlage für kurz- und langfristige Bestelldaten dar und erleichtert somit die Ausrichtung der Produktionsplanung an der Nachfrage.[99]

Im siebten Schritt werden für die Bestellprognose Ausnahmen identifiziert. Wie bei Schritt vier werden Abweichungen, mit Berücksichtigung der zuvor definierten

---

[94] Vgl. Georg [2006], S. 84 f.
[95] Vgl. ebd.
[96] Vgl. Seifert [2006], S. 357.
[97] Vgl. Georg [2006], S. 85.
[98] Vgl. Seifert [2002], S. 67.
[99] Vgl. ebd., S. 358.

Grenzen in der Rahmenvereinbarung, definiert.[100] Das Ergebnis ist eine Auflistung der Artikel mit diesem Merkmal.[101]

Im achten Schritt werden die kritischen Abweichungen von der Bestellprognose berücksichtigt und eine neue Bestellprognose erstellt. Die zuvor festgestellte Ausnahmesituation wird untersucht und relevante, neue Informationen in die Erstellung einer erneuten Prognose miteinbezogen. Das Ziel ist eine partnerschaftliche Lösung, die auf beide Kooperationspartner abgestimmt ist.[102]

Der neunte, letzte Schritt des Prozessmodells eröffnet die letzte Phase des Prozessmodells und umfasst die Generierung eines Auftrags. Hierbei erfolgt der Übergang von der Bestellprognose zu einer verbindlichen Bestellauslösung. Sowohl Hersteller als auch Händler können dabei eine Bestellung auslösen. Nachdem die Bestellung übermittelt worden ist, erfolgt der Abverkauf und der CPFR-Prozess ist abgeschlossen. Das neunstufige Prozessmodell stellt somit die Ebenen der Zusammenarbeit zwischen den Unternehmen in einem ganzheitlichen Workflow dar.[103]

---

[100] Vgl. Vahrenkamp/Kotzab [2012], S. 392.
[101] Vgl. Seifert [2002], S. 67.
[102] Vgl. Vahrenkamp/Kotzab [2012], S. 392.
[103] GS1 Germany [o. J. a.], o. S.

CPFR als Weiterentwicklung des ECR

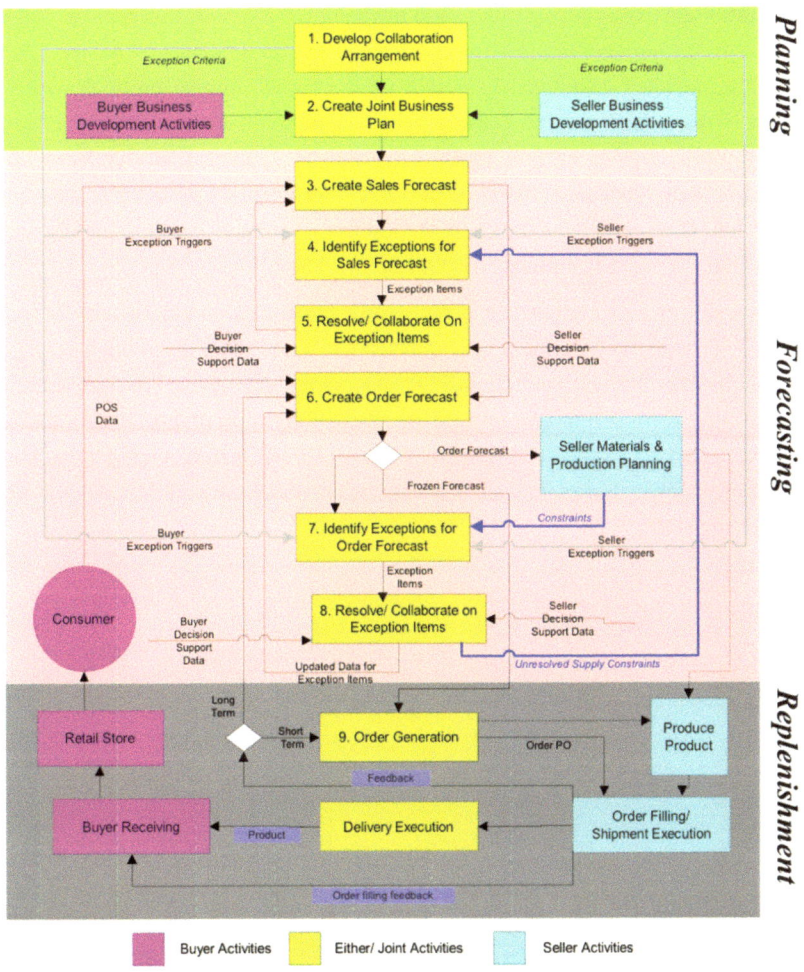

Abb. 6: Der detaillierte Ablauf des CPFR-Prozessmodells
(Quelle: Gate2Logistic [2011], o. S.)

29

Die Darstellung in Abbildung sechs zeigt noch einmal das neunstufige Prozessmodell. Die drei Komponenten (Planning, Forecasting und Replenishment) des CPFR sind dabei farblich gekennzeichnet und es wird noch einmal deutlich, welche Schritte wohin zugehörig sind. Dabei gibt es Aufgaben des Käufers, z. B. des Einzelhandels (pink), beider Partner (gelb) oder des Verkäufers, z. B. der Hersteller (blau). Die neun Phasen entsprechen den gelben Feldern, die gemeinsam bearbeitet werden. Die verschiedenen Pfeile stellen die jeweiligen Zusammenhänge dar und weisen auf einen komplexen Ablauf hin.[104]

Aufgrund dieser aufwändigen Vorgehensweise erfolgte 2004 eine Überarbeitung des CPFR-Prozessmodells mit dem Ziel, das Modell handlicher und einfacher zu gestalten. Das Ergebnis war ein neues CPFR-Prozessmodell mit vier Phasen (Strategy and Planning, Demand-and-Supply Management, Execution und Analysis) und jeweils zwei, also insgesamt acht, Aufgaben. Dieses Modell verfolgt weniger das Konzept einer Abfolge als das eines Kreislaufs, in dem der Kunde im Mittelpunkt der Betrachtung steht.[105]

---

[104] Vgl. Poppe [2017], S. 127.
[105] Vgl. Poppe [2017], S. 127.

Abb. 7: Das neue CPFR-Prozessmodell in Form eines Kreislaufs
(Quelle: Poppe [2017], S. 127)

Der mittlere Kreislauf in Abbildung sieben stellt die kooperativen Tätigkeiten dar, deren jeweilige Aufgaben im nächstkleineren Kreis beschrieben sind. Phase 1 ‚Strategy and Planning' entspricht der Phase eins des ursprünglichen Modells und unterscheidet sich kaum von dieser. Das Ergebnis ist ein gemeinsamer Geschäftsplan.

Die zweite Phase des ursprünglichen Modells wird auf eine Tätigkeit, das ‚Demand-and-Supply Management', heruntergebrochen. Auch hier wird der wesentliche Inhalt nicht verändert. Als Ergebnis dieser Phase resultieren die Abverkaufsprognose sowie die Bestellplanung und -prognose.

Eine wesentliche Unterscheidung erfolgt bei der ‚Replenishment'-Phase. Neben den einfachen Bestellungen (Order Generation) kommen nun auch Aufgaben der Auftragsabwicklung hinzu, z. B. Ausführungsaufgaben der Produktion, Lagerhaltung, Auslieferung und Transport (Order Fulfillment). Des Weiteren wurde das neue CPFR-Prozessmodell um eine Phase ergänzt, die ‚Analysis'-Phase. Hierbei werden die Abweichungen und Ausnahmezustände analysiert. Durch diese Erweiterung erhält diese Aktivität eine größere Bedeutung. Nach dieser Phase schließt sich der Kreislauf und es kann auf Grundlage dieser Daten neu geplant und verhandelt werden (Performance Assessment).[106]

4.4 Erfolgsfaktoren

Um das CPFR erfolgreich umsetzen zu können, stellt sich die Frage, welche Faktoren zielführend sind und maßgeblich den Erfolg bestimmen. Die Implementierung des CPFR-Modells erfordert einige Voraussetzungen, damit sich hiermit spürbare Optimierungspotenziale generieren lassen. Auf Grundlage der zur Verfügung stehenden Literatur haben sich drei Hauptfaktoren herauskristallisiert: Kooperation, Technologie und Information. Diese können jedoch nicht klar voneinander abgegrenzt werden, sondern greifen vielmehr ineinander, sind miteinander verbunden oder ergänzen sich.

Vertrauen und das Bilden von Beziehungen zählen zu den Grundvoraussetzungen für eine Kooperation und ermöglichen somit erst das CPFR. Dieses setzt eine auf vertrauensvolle Zusammenarbeit und den gegenseitigen Willen zum Informationsaustausch. Durch den hohen Informationsbedarf im CPFR werden ‚intime' Daten für den Kooperationspartner einsehbar. Durch eine vertrauensvolle Zusammenarbeit sollen dabei Befürchtungen und Ängste hinsichtlich einer Zweckentfremdung der Daten und somit einer Schwächung der Wettbewerbsposition überwunden werden.[107] Eine Studie der Business University of the Philippines stellte fest, dass ein direkter Zusammenhang zwischen dem Vertrauen der Kooperationspartner und dem Erfolg einer Kooperation besteht. Der Erfolg hängt somit maßgeblich vom Vertrauen zwischen den Partnern ab.[108] Daher ist es bei der Auswahl des Kooperationspartners umso wichtiger, dass eine vertrauensvolle Zusammenarbeit vorstellbar ist.[109]

Ein wichtiger Punkt ist zudem die Identifikation des Unternehmens mit dem CPFR-Projekt. Der Kooperationsgedanke muss von beiden Partnern übernommen werden, angefangen mit der Fokussierung auf die Logistikleistung des eigenen Unternehmens bis hin zu einer gesamtheitlichen Optimierungsstrategie. Dies erfordert

---

[106] Vgl. Poppe [2017], S. 127.
[107] Vgl. Kurbel [2016], S. 419 f.
[108] Vgl. Talavera [2014], S. 6 f.
[109] Vgl. Bastock/Baumann/Smith [2002], S. 190 ff.

die Anpassung von Prozessen, der Organisation (z. B. Kultur und Qualifizierung) und der gesamten systematischen Aufstellung innerhalb des Unternehmens.[110]

Für den CPFR-Prozess wird ein hoher Umfang an Technologien benötigt. Informationstechnologien und Anwendungssoftwares werden. z. B für den Datenaustausch oder die Prognoseerstellung benötigt.[111] Laut einer aktuellen Studie zur Supply Chain Collaboration von Global Standards One und Nex Trust sehen 50 % der befragten Unternehmen die Standards innerhalb einer Kollaboration als sehr wichtig und 39 % als wichtig an. Mit entsprechenden Standards kann im Rahmen des CPFR die IT-Kompatibilität gewährleistet werden, was zu einem effizienten Datenaustausch und einer guten Kommunikation führt. Sind standardisierte Systeme gegeben, müssen keine weiteren Investitionen getätigt werden.[112]

4.5 Informationstechnologien als Grundvoraussetzung

Für die Implementierung der CPFR-Informationssysteme werden einige Funktionen vorausgesetzt, die nötig sind, um die Aufgaben des Prozessmodells effizient abwickeln zu können. Bisher standen einige Electronic-Data-Interchange (EDI)-Standards für den Datenaustausch zur Verfügung, wie das ‚Global EDI' oder das ‚VICS EDI Standard'. Da EDI aber nicht jede der vorausgesetzten Funktionen abdeckt (z. B. wird in keinem EDI-Standard die Kommunikation über die Abweichungen im CPFR-Prozess vorgesehen), wurden zusätzliche XML-Standards für eine ganzheitlichere Lösung und Kompatibilität definiert und eingesetzt (EAN.UCC XML). B2B-Marktplätze sorgen für die Verbindung zwischen Vorlieferant, Hersteller und Händler. Dominiert werden diese durch den Händler, der aber dafür seine Beschaffungsstrategie und alle relevanten Daten preisgeben muss.[113]

Die Überwachung der Abverkaufs- und Bestellprognosen, die Identifikation von Abweichungen, das Problemlösungsmanagement, automatische Bestellaufträge und die Leistungsmessung sind die wesentlichen Funktionen, die für die kooperative Planung notwendig sind. Damit eine Kompatibilität erfolgen kann, müssen Datenintegration, Kommunikation und Synchronisation ermöglicht werden. Laut

---

[110] Vgl. ebd., S. 190 ff.
[111] Vgl. Bastock/Baumann/Smith [2002], S. 190 ff.
[112] Vgl. Nex Trust [2017], S. 13.
[113] Vgl. Seifert [2002], S. 75 f.

Poppe verfügen Unternehmen über drei verschiedenen Ausprägungen einer IT Architektur:

1. Die SC-Partner arbeiten jeweils mit ihren eigenen Datensystemen.
2. Die SC-Partner arbeiten mit einer zentralen Architektur, durch die Nutzung einer eigenen Datenbank oder die Nutzung von Drittanbietern (externe Provider oder elektronische Marktplätze).
3. Die SC-Partner nutzen ein dezentrales IT-System. Hierbei besitzen die SC-Partner jeweils ein CPFR-System mit eigener Datenbasis, das kompatibel zu den Systemen der Kooperationspartner ist.[114]

4.6 Effizienzvorteile

Die Versorgungsstrategie ECR hat positive Auswirkungen auf die Effizienz aller Kooperationspartner. Mit dem Einsatz von CPFR können diese Effizienzvorteile noch besser ausgeschöpft werden. Ergänzend können weitere Rationalisierungspotenziale erschlossen werden.[115]

Die Vorteile der Logistikkomponente der ECR gelten demnach auch für das CPFR. Dabei wird zwischen drei konkreten Vorteilen unterschieden. Die positiven Auswirkungen umfassen Kosteneinsparungen, die Erhöhung des Servicegrads und die Harmonisierung des ökologischen Bereichs. Die administrativen Tätigkeiten werden hierbei durch die Nutzung kompatibler Datenplattformen und Systeme erleichtert, z. B. der Wegfall von Arbeitskosten für manuelle Dateneingaben. Kosteneinsparungen können auch im Bereich Warennachschub realisiert werden. Durch die nachfragesynchrone Produktion und Nachlieferung können Bestände reduziert und Lagerhaltungskosten eingespart werden. Dies betrifft sowohl das Herstellerlager als auch das Handelslager. Auch im Bereich Verkaufsförderung können der Aufwand bei Sonderaktionen reduziert und somit Kosten eingespart werden.

Ein weiterer Vorteil ist die Minimierung von Fehlern bei der Abwicklung von Aufträgen und dem Informationstransfer zwischen den Kooperationspartnern. Die Erhöhung des Servicegrads wird mit Hilfe von CPFR auch durch die Verbesserung des Warennachschubs erreicht. Ein verbesserter Lieferservice, kürzere Lieferzeiten und das Vermeiden von ‚Out-of-Stock'-Situationen erhöhen die Kundenzufriedenheit. Im ökologischen Bereich können ebenfalls bedeutende Vorteile realisiert

---

[114] Vgl. Poppe [2017], S. 130 ff.
[115] Vgl. Seifert [2002], S. 70.

werden, insbesondere in Bezug auf Materialverbrauch und Transportaufkommen. Durch die Bündelung und die effizientere Belieferung des Handels werden zudem eine bessere Auslastung der Transportmittel bewirkt und Schadstoffemissionen vermieden. Des Weiteren können allgemein der Materialverkauf und das Verpackungsmaterial verringert werden.[116]

Mit Hilfe des CPFR ist es mittels Prognosen möglich, die eigene Reaktionsgeschwindigkeit auf die Bedürfnisse und Nachfragen des Kunden abzustimmen und somit zu verbessern. Lagerbestände werden optimiert, sodass die gewünschten Produkte am PoS dem Kunden in der gewünschten Quantität zur Verfügung stehen. Durch die kooperative Zusammenarbeit werden Prognosen genauer und exakter erstellt. Alle Teilnehmer der SC bringen sich mit ihrem Knowhow, eigenen Erfahrungswerten und Forschungsergebnissen ein, wodurch ein großer Umfang an Daten für die Verkaufsprognose gesammelt und zuverlässige Resultate erzielt werden können. Durch die Nutzung von Datenplattformen, elektronischen Marktplätzen sowie weiteren Kommunikationskanälen wird ein ständiger Informationsfluss gewährleistet. Die Daten des Abverkaufs, aber auch Informationen über etwaige negative Entwicklungen werden in Echtzeit übermittelt und es kann schnell reagiert werden.[117]

---

[116] Vgl. Swoboda [1997], o. S.
[117] Vgl. Seifert [2002], S. 70 f.

5 CPFR in der Praxis

Laut einer Studie zur Agilität in Supply-Chains in Unternehmen des Bundesverbands Materialwirtschaft, Einkauf und Logistik und der Bundesvereinigung Logistik sind Erfolgsfaktoren wie Datentransparenz, gründliche Lieferantenauswahl, Zusammenarbeit in der Produktherstellung sowie Prozessabwicklung und die gemeinsame Nutzung von Kompetenzen maßgebliche Erfolgsfaktoren für ein agiles Unternehmen. Dabei wird der Fokus nicht nur auf die Gewinnerzielung im Rahmen einer Lieferantenbeziehung gelegt, sondern vielmehr auf eine offene Kommunikation und transparente Prozesse, um eine tatsächliche Win-win-Situation realisieren zu können. Die Einbindung soll mit Hilfe kompatibler IT-Systeme erfolgen, über Internetplattformen oder cloudbasierte Datenbanken.[118] Vergleicht man nun die Ergebnisse dieser Studie mit dem Gedanken des CPFR-Modells, kann eine Übereinstimmung festgestellt werden. Im Umkehrschluss müsste das CPFR also diese Agilität herstellen und damit das Ziel realisieren können, durch Kollaboration effizient auf Kundennachfragen oder anderen Veränderungen zu reagieren. Doch wieso bleiben, wie in der Literatur festzustellen ist, die entsprechenden Implementierungen aus? In der Theorie wird das CPFR schließlich als kooperatives Modell dargestellt, welches eine absolute Effizienzsteigerung möglich machen soll. Um diese Fragestellung zu untersuchen, soll in diesem Abschnitt ein aktueller Überblick zum Status quo in der Praxis geliefert werden.

Das Prozessmodell, wie es im vorangegangenen Kapitel vorgestellt wurde, stellt eine theoretische Konzeption für die Lieferkette einer Hersteller-Handels-Situation dar. Stellt man sich jedoch in der Praxis die Situation vor, dass viele Akteure an der Wertschöpfung eines Produkts beteiligt sind, muss auch das CPFR-Modell um Akteure wie Großhändler, Logistikdienstleister oder Vorlieferanten ergänzt werden. Das ‚n-Tier'-Modell bedient nicht mehr nur den Konsumgüterhandel, sondern findet Anwendung in weiteren Branchen. Die vielen Akteure im Liefernetzwerk und die Möglichkeit, global zu beziehen, führen zu einer hohen Komplexität und stellen die Unternehmen vor die Herausforderung, eine übergreifende Prozessoptimierung durch Verkaufs- und Bestellprognosen zu realisieren.[119]

---

[118] Vgl. Henke et. al [2012], S. 8 f.
[119] Vgl. Georg [2006], S. 87 f.

CPFR in der Praxis

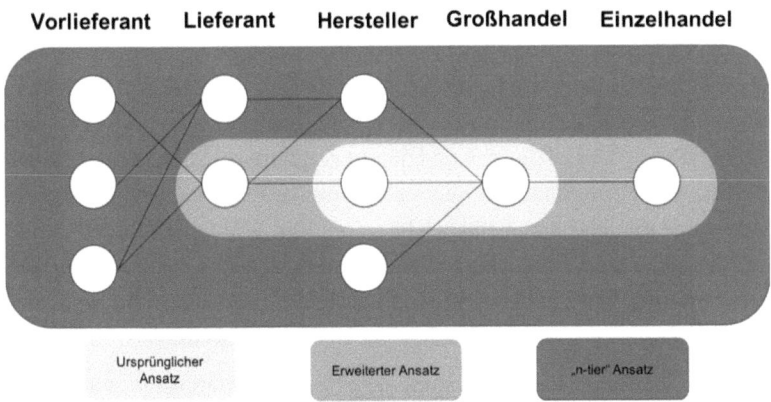

Abb. 8: Der CPFR-Ansatz in einem komplexen Liefernetzwerk
(Quelle: eigene Darstellung in Anlehnung an Georg [2006], S. 88)

Abbildung acht verdeutlicht noch einmal den Unterschied zwischen den drei Ansätzen. Der ursprüngliche Gedanke des CPFR umfasst die Betrachtung der zweistufigen Lieferkette. Der erweiterte Ansatz, wie er in der Praxis zu finden ist, zeigt die Kette zwischen den einzelnen Gliedern Lieferant, Hersteller, Großhandel und Einzelhandel. Der n-Tier-Ansatz hingegen stellt die aktuelle Situation dar, in der die Komplexität aufgrund der immer größer werdenden Netzwerke zunimmt.[120] Die Optimierung des n-Tier-Ansatzes eröffnet ungenutzte Potenziale: Planungs- und Produktionsprozesse werden entlang der SC harmonisiert und können zu erheblichen Kostensenkungen führen. Nur wem es gelingt, alle Teilnehmer in das Planungssystem zu integrieren, der besitzt die Möglichkeit, die Optimierung aller Geschäftstätigkeiten zu realisieren.

Die Integration der Teilnehmer bedeutet demnach, allen die Einsicht in relevante Daten zu gewähren. Stellt dies eine derart komplexe Aufgabe dar, dass sie nicht mit dem traditionellen CPFR bewältigt werden kann?[121]

Auch GS1 Germany hat erkannt, dass das CPFR-Modell, wie es einst eingeführt und standardisiert wurde, den heutigen Herausforderungen nicht gerecht wird. Unternehmen sind vom Omni-Channel geprägt, da dieser Vertriebsweg den Kundenkontakt verstärkt und somit die Bedürfnisbefriedigung und den Unternehmenserfolg optimiert. Diese Marktdynamik muss bewältigt werden. Der Konsument verändert

---

[120] Vgl. ebd.
[121] Vgl. Seifert [2002], S. 69 f.

ständig sein Einkaufsverhalten und die Unternehmen wollen mit Hilfe von Prognosen diesen Erwartungen gerecht werden. Das Aufkommen und die Konvergenz von Technologien in Verbindung mit diesem Verbraucherverhalten deuten darauf hin, dass ein noch schnellerer Anpassungsprozess erfolgen muss, um das Verhalten der Käufer effektiv zu antizipieren und darauf reagieren zu können. Die Unternehmen stehen somit vor veränderten Kundenbindungsstrategien, Transformationstechnologien und Omni-Channel-Handelsformaten. Die Kombination von Mobile Commerce und neuen Verbraucheranwendungen muss in die traditionellen Geschäftsprozesse integriert werden. GS1 reagiert hierauf mit einer Überholung des CPFR und standardisiert ein Modell in dem neuen Format ‚CPFR 2.0'.[122]

Dennoch wird das CPFR noch immer durch globale Initiativen wie der GS1 Germany zur Standardisierung von Geschäftsprozessen als Standard zur praktischen Nutzung angeboten. Verfolgt ein Unternehmen die Implementierung von CPFR, wird laut GS1 Germany die Nutzung einiger Standards für den Geschäftserfolg vorausgesetzt.[123] Darunter fallen Identifikationsstandards, z. B. zur Identifikation von Standorten und Produkten, Datenträgerstandards, z. B. durch RFID, auslesbare Kennzeichnungen von Produkten oder Versandeinheiten, Kommunikationsstandards, um z. B. den elektronischen Datenaustausch zwischen den Kollaborationspartnern zu gewährleisten, und Prozessstandards, z. B. Leitfäden und Implementierungshilfen zur Umsetzung des Modells im Unternehmen.[124]

Laut der aktuellen Literatur hat das CPFR den Status eines Pilotprojekts bislang nicht überschritten. Die allgemeine Annahme hierzu lautet, das Modell berge mehr Hürden als Chancen. Der umfassende Ansatz soll Leistungssteigerungen in Form niedrigerer Prozesskosten aller Schnittstellen entlang der SC und einer höheren Regalverfügbarkeit sowie demnach eine höhere Kundenzufriedenheit herstellen. Jedoch hat man aus Pilotprojekten gelernt, dass Prozessänderungen aufwändig sind, die Fokussierung auf nur einen Handelspartner auf Dauer nicht zielführend ist und die notwendigen Investitionen in die IT, um Systemkompatibilität herzustellen, hoch sind.[125]

Der CPFR-Ansatz wird nicht gänzlich abgelehnt, lediglich die Standardisierung und die Integration des Prozessmodells werden kritisch betrachtet. Die Intensität der

---

[122] Vgl. GS1 Germany [2016], o. S.
[123] Vgl. GS1 Germany [o. J. b.], o. S.
[124] Vgl. ebd., o. S.
[125] Vgl. Thonemann et al. [2005], S. 122 ff.

Zusammenarbeit in den neun Schritten des Prozessmodells ist nicht immer gleich und variiert. Gerade bei Neueinführungen von Produkten muss der Austausch noch intensiver erfolgen, um im Falle eines Flops schnell reagieren zu können. Wie an die Implementierung des CPFR herangegangen wird, hängt zudem auch vom Stand der jeweiligen IT und der Integration eines SCM im Unternehmen ab. Idealerweise wollen Unternehmen keine großen Investitionen tätigen. Eine Kollaboration ist dann aber nur durch eine Schritt-für-Schritt-Entwicklung möglich. Dies widerspricht jedoch dem zielführenden Gedanken, schnell auf Veränderungen reagieren zu wollen. Unternehmen, die diese Strategie wählen, müssen damit rechnen, dass ihre Wettbewerbsposition durch ungenutzte Effizienzpotenziale geschwächt werden kann. Nach dem Prinzip ‚ganz oder gar nicht' müssen sich die Unternehmen folglich für oder gegen die Zusammenarbeit entscheiden. Daher wird es zur Managementaufgabe, im Voraus einen Kosten-Nutzen-Vergleich zu erstellen, um keine Schwächung der eigenen Supply Chain-Leistung zu erleiden.[126]

Eine Umfrage des Statistik-Portals Statista aus dem Jahr 2017 liefert Hinweise über Unternehmen und deren Umgang mit internen Daten sowie die Intensität des Informationsaustauschs zwischen Organisationen. Im Zusammenhang mit Big Data wurden Unternehmen aus Deutschland, Österreich und der Schweiz danach befragt, ob bei ihnen Informationen mit anderen Unternehmen ausgetauscht werden.[127]

---

[126] Vgl. Thonemann et al. [2005], S. 122 ff.
[127] Vgl. Statista [2018], o. S.

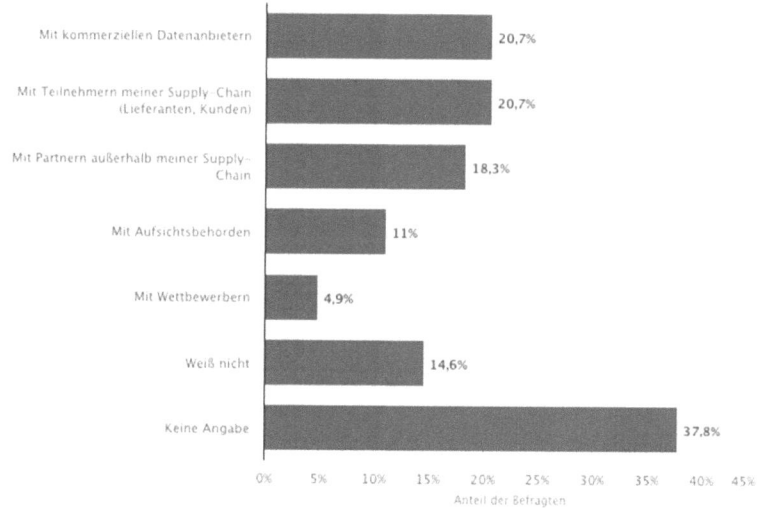

Abb. 9: Statistik über den Datenaustausch von internen Informationen mit anderen Unternehmen
(Quelle: Statista [2018], o. S.)

Wie aus der obigen Abbildung zu entnehmen ist, sind lediglich 20,7 % der Befragten bereit, ihre Daten mit den Teilnehmern der eigenen Supply-Chain, insbesondere den Lieferanten und Kunden, zu teilen.18,3 % der Unternehmen tauschen Daten mit Teilnehmern außerhalb der eigenen Supply-Chain aus. Und insgesamt 37,8 % haben sich bei der Umfrage enthalten.[128] Dies weist darauf hin, dass in den Unternehmen noch immer die Furcht vor einer Zweckentfremdung der Daten besteht. Als Schlussfolgerung tendieren sie zu einer weniger intensiven Zusammenarbeit und nutzen die manuelle Informationsbereitstellung, was zu einer hohen Fehlerquote führt. Das Zur-Verfügung-Stellen der Daten und die Prägnanz dieser Daten sind jedoch maßgeblich, um den erwarteten ROI überhaupt realisieren zu können.[129]

5.1 Technologien als Enabler für das CPFR

Nach Erarbeitung der theoretischen Grundlagen dieser Bachelorarbeit lässt sich festhalten, dass neben der Kooperationsbasis die Technologien für das Generieren

---

[128] Vgl. Statista [2018], o. S.
[129] Vgl. Andraski/Chairman [2002], S. 111.

von Effizienzvorteilen maßgeblich sind. Die Bedeutung von Informations- und Kommunikationstechnologien hat in den letzten Jahren stetig zugenommen. Aus heutiger Sicht umfassen die relevanten Technologien das Internet of Things sowie Identifikations-, Lokalisierungs-, Interaktions-, Monitoring- und (Mobil-)Kommunikationstechnologien.[130] Aufgrund der zunehmenden Digitalisierung gibt es heute kaum noch Bereiche, die nicht mit Hilfe einer IT-Architektur bewältigt werden. Daher werden im Folgenden einige Technologien vorgestellt, die sich schon etabliert haben und vor allem zwischen Industrie und Handel Anwendung finden.

Laut des EHI Retail Institutes sehen 62 % der Befragten die IT als Enabler für eine effiziente Prozessorganisation.[131] Die Entwicklung von Identifikationssystemen, angefangen von EAN-Systems bis hin zu den heutigen Barcodes, war erst der Beginn der Optimierung der Warenwirtschaft des Handels. EDI stellt heute eine Grundvoraussetzung für den elektronischen Datenaustausch in Unternehmen dar.

Im Rahmen der durch den digitalen Wandel ausgelösten Innovationswelle haben sich einige weitere Technologien etabliert. Mit der RFID-Technik erfolgte die Ablösung des Barcodes.[132] Diese Technik könnte im Handel eingesetzt werden, um z. B. ‚Out-of-Stock'-Situationen zu vermeiden. Die Inventur erfolgt dabei automatisiert, um Warenbestände zu erfassen und die Regalverfügbarkeit sicherzustellen.[133] Laut einer Studie des EHI Retail Institutes gaben 12 % der Befragten an, RFID einzusetzen, mit Tendenz nach oben. Dieser geringe Prozentsatz lässt sich darauf zurückführen, dass sich der massenhafte Einsatz von RFID bei geringwertigen Produkten auf Dauer noch nicht wirtschaftlich gestalten lässt.[134] RFID kann auch gut bei der Routenplanung eingesetzt werden, um Lieferverzögerungen entgegenzuwirken. Paletten oder Container werden dabei mit RFID-Tags ausgestattet und können von Kunden oder Dienstleistern lokalisiert werden.[135]

Weitere Möglichkeiten der Identifikationstechnologie sind der QR-Code und die Gesichtserkennung. Der QR-Code kann in der Logistik zur Identifikation von Waren und Objekten eingesetzt werden, findet aber auch schon in Smartphone-Anwendungen Einsatz. Auch die Gesichtserkennung wird in mobilen Endgeräten genutzt

---

[130] Vgl. Hofmann [2018], S. 5 f.
[131] Vgl. Gerling [2017], S. 123
[132] Vgl. ebd., S. 118 ff.
[133] Vgl. Krüger/Kahl [2017], S. 133.
[134] Vgl. Gerling [2017], S. 118 ff.
[135] Vgl. Brühl [2015], S. 118.

und stellt eine zukunftsfähige Form der Identifikation dar.[136] Auch der Einsatz von Standards im Handel nimmt in der Praxis stetig zu. 2015 belief sich die Standardisierung von Systemen zwischen Industrie und Handel noch auf 52 %. Für das Jahr 2018 wurde hingegen ein Prozentsatz von ca. 60 berechnet. Wo immer es möglich ist, werden Standardsoftwares eingesetzt.[137]

„Cloud-Computing im Handel gewinnt an Bedeutung."[138] Dabei nimmt das Internet of Things eine wichtige Rolle ein. Datenmengen oder Anwendungen werden hierbei dezentral im Internet gespeichert und bereitgestellt.[139] Bei sensiblen Themen wie der Datenübertragung stehen Unternehmen den cloudbasierten Lösungen jedoch noch mit Skepsis gegenüber. 14 % der befragten Handelsunternehmen gaben an, Cloud-Services in ihrer IT-Strategie integriert zu haben. 34 % sehen zudem weiteres Wachstumspotenzial.[140]

Viele Innovationen, die sich schon lange auf dem Markt befinden, sind nun dabei, sich auch im Rahmen der Informationsgenerierung zwischen Industrie, Handel und Kunde zu etablieren. Elektronische Regaletiketten sind bereits bei 13 % der befragten Unternehmen im Einsatz und 37 % gaben an, einen zukünftigen Einsatz in Betracht zu ziehen. Mobile Endgeräte dienen hierbei als Informationsträger – zum einen für das Personal in der Handelsfiliale, um den Zugang zu kanalübergreifenden Daten wie der Verfügbarkeit von Produkten zu gewährleisten, zum anderen für den Kunden, der das Smartphone als Berater bei der Kaufentscheidung nutzt, indem er z. B. die Preise mit denen bei Konkurrenzanbietern vergleicht.

Damit verbunden ist der freie WLAN-Zugang. Nicht nur der Kunde zieht einen Nutzen aus dieser ständigen Verfügbarkeit von Informationen: Mittels der WLAN-Funktionen lassen sich auch über das Smartphone die Laufwege der Kunden verfolgen. Somit werden dem Unternehmen Informationen aus der Umwelt zugänglich.[141]

Auch um Out-of-Stock-Situationen zu vermeiden, haben sich verschiedene Technologien etabliert. Drucksensitive Verkaufsoberflächen können das Gewicht der Ware erfassen und bieten Informationen zur Auslastung der Regale im Handel. Eine

---

[136] Vgl. Hofmann [2018], S. 7 f.
[137] Vgl. Gerling [2017], S. 124.
[138] Gerling [2017], S. 124.
[139] Vgl. Brühl [2015], S. 24.
[140] Vgl. Gerling [2017], S. 124.
[141] Vgl. Gerling [2017], S. 125 f.

weitere Möglichkeit ist der Einsatz digitaler Vorschubsysteme, welche die Abverkäufe von Produkten erkennen. Mit Hilfe dieser Informationen wird eine schnelle Nachversorgung ermöglicht. Weiterhin werden heutzutage schon intelligente Softwaresysteme angeboten. Diese sollen aus den Abverkäufen sowie den sinkenden Beständen lernen und daraus eine Out-of-Stock-Prognose für die Produkte ableiten.[142]

Als Enabler gelten weiterhin die IuK-Technologien. Ein ausgereiftes E-Procurement zählt heute bereits zu den wesentlichen Erfolgsfaktoren einer effizienten Beschaffung. Softwareprogramme, die genau auf das Unternehmen abgestimmt sind, dienen der Abwicklung des gesamten Beschaffungsprozesses über das Internet. Diverse Aufgaben, von der Spezifikation der Produkte und dem Einholen von Angeboten bis hin zur Bestellauslösung und Bestellabwicklung, werden über die Software elektronisch abgewickelt. Nicht nur der Datenaustausch erfolgt dabei automatisch über das Internet, auch operative Bestellvorgänge werden webbasiert durchgeführt und direkt in das ERP-System aufgenommen.[143] Größere Unternehmen nutzen meist schon eigens eingerichtete Internetportale, in denen sie mit ihren Lieferanten und Kunden kommunizieren und Informationen austauschen können. Mit solch einer maßgeschneiderten Lösung kann die Einkaufsstrategie des Unternehmens zielführend verfolgt werden.[144]

5.2 Kritikpunkte

Bei der Betrachtung von CPFR in der Praxis wird schnell klar, dass das Geschäftsmodell einige Kritikpunkte mit sich bringt. In der Theorie bieten die einzelnen Phasen und Prozessschritte einen genauen Leitfaden zur Umsetzung, jedoch stellt sich die Frage nach der tatsächlichen praktischen Anwendbarkeit. Einige Schritte des Prozessmodells können erst im Laufe der Entwicklung einer Kollaboration zwischen den Partnern bewältigt werden. Im letzten Prozessschritt soll z. B. die Bestellauslösung auf Grundlage der zuvor generierten Prognose erfolgen. Ob der Händler seine Macht als Einkäufer niederlegt und die Aufträge wirklich auf Basis dieser Prognose erteilt oder schließlich doch nach Gefühl und Instinkt handelt, ist jedoch fraglich.

---

[142] Vgl. Krüger/Kahl [2017], S. 133.
[143] Vgl. Brühl [2015], S. 113 f.
[144] Vgl. ebd., S. 114.

Des Weiteren werden im Prozessmodell keine externen Einflüsse berücksichtigt, z. B. Aktionen, die Witterungsverhältnisse, Feiertage oder Sonderangebote der konkurrierenden Wettbewerber. Die Zuverlässigkeit der Prognosen ist demnach nicht ausreichend gewährleistet. Auch die zuvor festgelegten Abweichungen können nicht exakt definiert werden.

Kritikwürdig ist auch die Tatsache, dass für die Realisierung hohe Investitionen getätigt werden müssen. Betrachtet man Pilotprojekte zu Beginn der CPFR-Einführung, stellt man fest, dass diese meist von großen Handelsunternehmen durchgeführt worden sind. Überträgt man den Sachverhalt jedoch auf den Mittelstand, wird klar, dass kleine und mittlere Unternehmen nicht die nötigen Mittel besitzen, um z. B. in kostenaufwändige IuK-Technologien zu investieren.[145] Auch der hohe Arbeitsaufwand im Rahmen der Projektdurchführung kann hier als Investition gesehen werden, da hierfür viel Kapazität in Form von Mitarbeitern investiert werden muss.[146] Hinzu kommt, dass sich Mitarbeiter zusätzliche Kompetenzen und Knowhow für die Umsetzung eines solchen Projekts aneignen müssen.[147]

Nicht nur physische Aspekte wie Ressourcen oder Technologien stehen im Mittelpunkt der Kritik des CPFR-Modells. Hinter dem Geschäftsmodell stehen immer noch Menschen, die den Erfolg eines solchen Projekts möglich machen oder auch nicht. In der Praxis lässt sich meist ein Machtgefüge zwischen den Kollaborationspartnern feststellen. Dabei stellt sich die Frage, ob die fehlende Identifikation, die emotionale Verbundenheit mit dem Projekt und letztendlich die persönliche Flexibilität der Mitarbeiter ein unkooperatives Verhalten zur Folge haben kann. Zudem berücksichtigt das Prozessmodell nicht den Einbezug mehrerer Vorlieferanten bzw. Hersteller, wie im vorangegangenen Unterpunkt angesprochen wurde. Die Erstellung eines gesamtheitlichen Geschäftsplans erfordert weiterhin einen hohen Zeit- und Koordinationsaufwand. Die Befürchtung, nicht im Fokus des Kooperationsvorhabens zu stehen, bewirkt folglich eine misstrauische Haltung auf Lieferanten- bzw. Herstellerseite, weshalb die Zusammenarbeit eher abgelehnt wird.[148]

Ein weiterer Kritikpunkt am CPFR-Prozessmodell ist, dass die IT-Sicherheit hierbei nicht oder kaum berücksichtigt wird. Wie bei der Trendanalyse in Kapitel 1 hervorgeht, wird mit der zunehmenden Digitalisierung auch die Bedeutung der

---

[145] Vgl. Seifert [2002], S. 68.
[146] Vgl. Georg [2006], S. 91.
[147] Vgl. Seifert [2002], S. 68.
[148] Vgl. Wellbrock/Traumann [2012], S. 35.

Datensicherheit immer größer. Nach dem traditionellen CPFR-Modell werden über IT-Standards oder Internetplattformen Informationen kommuniziert, die für Hacker ein ‚gefundenes Fressen' darstellen. Die Entwendung von Daten und Informationen kann jedoch zu nicht abschätzbaren Folgen führen, wie hohe Kosteneinbußen oder eine starke Schwächung der Wettbewerbsposition.[149]

5.3 Praxisbeispiele

Warner-Lambert und Wal-Mart waren die ersten Anwender des CPFR, als sie 1995 mit ihrem Pilotprojekt starteten. Die Ergebnisse waren erstaunlich: Durch die Prognosen konnte die Bestellvorlaufzeit von neun Tagen auf sechs Wochen vergrößert werden und der Hersteller hatte genügend Vorlaufzeit, um das Produkt herzustellen. Allgemein ließ sich eine effizientere Produktionsplanung gestalten, was schließlich den Abbau der zuvor sichergestellten Bestände, um Nachfrageschwankungen zu bewältigen, zur Folge hatte.[150]

Die Implementierung von CPFR in Deutschland erfolgte z. B. bei dem Drogeriemarkt dm und dem Hersteller Henkel. Der Drogerie-Einzelhändler dm stellte dabei das Bindeglied zwischen Henkel, der im Bereich Wasch- und Reinigungsmittel zu den größten Markenherstellern zählt, und dessen Kunden dar. Da die Kooperation zwischen Henkel und dm auf operativer Ebene intensiv ausgeprägt war, starteten die beiden Partner 1998 ein CPFR-Projekt. Zur Anwendung kamen zwei verschiedene IuK-Tools, SINFOS und EANCOM. Die Bestandsüberwachung des dm-Verteilzentrums oblag von nun an dem Hersteller. Dabei konnte der Verfügbarkeitsgrad von Henkel-Produkten auf 99,5 % gesteigert und eine gleichzeitige Bestandsreichweite zwischen 1,5 und 2,5 Tagen erreicht werden.[151]

Auch in Großbritannien konnten im Bereich des Lebensmitteleinzelhandels erhebliche Potenziale erschlossen werden: Durch die Spezialsoftware E3TRIM gelang es Londis, seine Bestellzeiten um 40 bis 60 % zu reduzieren. Auch die Lieferfähigkeit konnte auf 98,5 % gesteigert und Lagerbestände um 10 bis 20 % gesenkt werden.[152]

---

[149] Vgl. Bitkom [2015], S.11 f.
[150] Vgl. Seifert [2002], S. 58 f.
[151] Vgl. Baumgart/Ester/Schick [2002], S. 279
[152] Vgl. Brenchley [2002], S. 299 f.

Neben den erheblichen Potenzialen, die durch CPFR erschlossen wurden, gab es aber auch einige Erfahrungen, die auf die Schwierigkeit der Umsetzung hindeuten. Aus der dm-Henkel-Kooperation lernte man, dass die Umsetzung von CPFR zwar machbar, jedoch sehr komplex ist. Mit Hilfe von Evaluierungen stellte man Diskrepanzen zwischen den Forecasts und den tatsächlichen Abverkäufen fest und es wurde klar, dass auch für die Prognosen noch ein erhebliches Rationalisierungspotenzial besteht. Des Weiteren wurde angesprochen, dass die Geschwindigkeit der bestehenden IT-Systeme verbessert werden müsse, um einen zielführenden Workflow herstellen zu können.[153]

Auch das Resümee bei Londis war, dass mit Hilfe von CPFR ohne einen guten Informationsfluss und die Kooperationsbereitschaft der Partner kein gewinnbringender Erfolg erreicht werden kann. Als zentralen Erfolgsfaktor definierten sie die Zusammenarbeit, also die zwischenmenschlichen Fähigkeiten der Mitarbeiter, aber auch deren Bereitschaft und Motivation, über das bestehende Wissen hinauszudenken.[154]

5.4 Bewertung, Annahmen und Herausforderungen

Um Aussagen zum Status quo des CPFR liefern zu können, wurde das Geschäftsmodell anhand verschiedener praktischer Anwendungen betrachtet. Nach eingehender Literaturrecherche wurde dabei schnell klar, dass es in Deutschland kaum aktuelle Studien zu dem Thema gibt. Daher wird im Folgenden eine Bewertung des Erarbeiteten vorgenommen und auf Annahmen, zum Status quo, geschlossen.

Schon in der Literatur der 2000er Jahre gab es Hinweise auf den schlechten Start des CPFR-Modells, obwohl direkt zu Beginn erhebliche Optimierungspotenziale erschlossen wurden. Aus diesen Pilotprojekten zu Beginn der Einführung des CPFR lernte man. Die Kooperations- und Informationsbereitschaft galt schon damals als wichtiger Erfolgsfaktor. Man ging davon aus, dass sich das CPFR automatisch weiterentwickeln würde, wenn sich erst die entsprechenden IuK-Technologien etabliert hätten. Doch in der Literatur erhielt das CPFR bald den Status eines Pilotprojekts.

Die Betrachtung des CPFR in der Praxis liefert einige Kritikpunkte. Das Prozessmodell ist sehr komplex. Die Anwendung führt zu einem hohen Koordinations- und

---

[153] Vgl. Baumgart/Ester/Schick [2002], S. 288.
[154] Vgl. Brenchley [2002], S. 302 f.

Steuerungsaufwand. Die praktische Anwendbarkeit ist hingegen fraglich. Der Investitionsbedarf ist hoch, sowohl für IT als auch für den Kompetenz- und Knowhow-Aufbau der Mitarbeiter. Wertschöpfungsnetzwerke werden in dem Prozessmodell nicht berücksichtigt. Auch die Datenpreisgabe und die fehlende IT-Sicherheit stellen für viele Unternehmen nach wie vor ein sensibles Thema dar. Dennoch werden immer noch Softwarestandards angeboten und auch aus den Praxisbeispielen geht hervor, dass das CPFR sehr wohl erhebliche Einsparpotenziale bietet. Auch die Tatsache, dass die IT-Budgets in Unternehmen immer größer und die Technologien günstiger werden, spricht für die Umsetzung des CPFR.

Da die Pilotprojekte hauptsächlich von Handelsriesen wie Wal-Mart durchgeführt wurden, kann darauf geschlossen werden, dass die Implementierung für kleine und mittlere Unternehmen, die nicht die finanziellen Möglichkeiten besitzen, eine große Hürde darstellte. Neue Ansätze wie das CPFR werden generell zunächst in Form von Projekten getestet und in den Unternehmen wie Wal-Mart als Nebengeschäft abgehandelt. Überträgt man dies jedoch auf den Mittelstand, so wird klar, dass dieser sich keine Fehlinvestitionen in einer entsprechenden Höhe leisten kann. Auch wenn eine Steigerung des IT-Budgets zu erwarten ist, wäre das Risiko des Scheiterns für diese Unternehmen zu groß.

Die im Zuge der Digitalisierung entstandenen Innovationen haben sich zum Teil heute schon etabliert und sind universal in jedem Unternehmen einsetzbar. Vor allem bei der Zusammenarbeit zwischen Industrie und Handel gibt es viele Technologien, die die bestehenden Prozesse vereinfachen können. Der hohe Einsatz der Technologien in der Praxis lässt auf die bereits heute bestehende Erschwinglichkeit und Kompatibilität schließen. Das bedeutet, dass die Digitalisierung ohne Zweifel Enabler für das CPFR der heutigen Zeit bietet. Anderseits stellt sich die Frage, ob das CPFR überhaupt noch ein notwendiges Tool darstellt, oder ob die Geschäftsprozesse schon so weit durch digitale Abläufe ersetzt wurden, dass ein Geschäftsmodell wie CPFR unnötig wird.

Die Annahmen sind demnach, dass sich das CPFR nicht wie gewünscht durchgesetzt hat. Hindernisse wie die Komplexität, die notwendige intensive Kooperation, eine fehlende Bereitschaft des Managements und der Mitarbeiter, die schwierige Anwendbarkeit, der Investitionsbedarf sowie die hohe Datenpreisgabe überwiegen die Vorzüge des Modells, auch wenn das CPFR sowohl in der Theorie als auch in der Praxis erhebliche Optimierungen mit sich bringt. Es wurde gezeigt, dass die Technologien bestehen, jedoch nicht genutzt wurden. Zumindest nicht so intensiv, dass das CPFR in der Literatur noch ein aktuelles Thema darstellt. Zudem haben sich parallel viele weitere digitale Geschäftsmodelle etabliert, die möglicherweise das CPFR mit der einfacheren Anwendbarkeit übertreffen.

6 Zukunftsperspektiven des CPFR

Nach den Ergebnissen aus dem vorangegangenen Kapitel stellt sich nun die Frage, wie die zukünftigen Perspektiven des CPFR aussehen. Müssen lediglich einige Aspekte überarbeitet werden oder hat das Modell keine Zukunft? Eines lässt sich festhalten: Die Zusammenarbeit zwischen den Akteuren der SC ist eine notwendige Voraussetzung für eine zielführende Verwirklichung des SCM. Eine hohe Bedeutung erhält hierbei die Kooperationsqualität, also die Zusammenarbeit zwischen den Akteuren und demnach der Informationsaustausch.[155] Dabei wird der Fokus auf den Trend ‚Digitalisierung' gelegt.

In den letzten Jahren haben sich im Zuge dieses digitalen Wandels neue Technologien und Innovationen ergeben, die sich nun immer stärker auch in der Praxis etablieren. Daher wird im Folgenden auf einige Rationalisierungspotentiale sowie auf die Grenzen des CPFR eingegangen. Des Weiteren werden mögliche Weiterentwicklungen einer Supply Chain Collaboration im Rahmen der Digitalisierung erarbeitet.

---

[155] Vgl. Sandberg [2005], S. 33.

Zukunftsperspektiven des CPFR

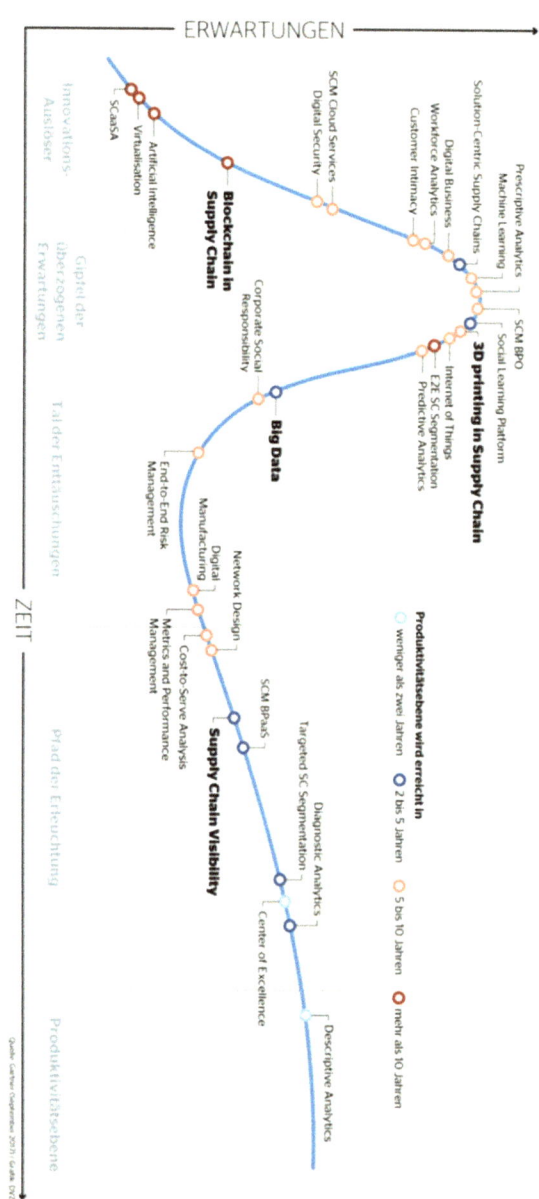

Abb. 10: Hype-Zyklus der Supply Chain-Trends in Abhängigkeit von den Erwartungen und der Zeit
(Quelle: DVZ [2017], o. S.)

In der obigen Darstellung sind verschiedene Technologien zu sehen, die in der heutigen Zeit zu regelrechten Hypes des SCM zählen. Die Kurve beschreibt die Erwartungen an die SCM-Technologie von der Innovationsentwicklung bis hin zur Marktetablierung. Fett markiert ist dabei z. B. der Trend ‚Big Data', der kurz vor dem Tiefpunkt steht. Das 3D-Printing wird laut der Darstellung in fünf bis zehn Jahren seine Produktivität erreichen, stellt jedoch einen der aktuellen Hypes dar. Und auch die Blockchain-Technologie ist auf dem Vormarsch. Zwar ist für diese Innovation erst in zehn Jahren eine Produktivität vorgesehen, dennoch befindet sie sich schon heute im Aufwärtstrend.[156]

Neben den vielen Technologen, die für die Zukunft bereitstehen, werden sich in Zusammenhang mit den Herausforderungen des 21. Jahrhunderts auch Rationalisierungsgrenzen ergeben. Im Folgenden soll nun versucht werden, diese Herausforderungen auf das CPFR-Modell zu übertragen und einige Grenzen herauszufiltern. Diese werden im folgenden Unterpunkt näher betrachtet.

6.1 Rationalisierungsgrenzen

Die Qualität der Zusammenarbeit stellt die wichtigste Basis einer Kooperation dar. Eine mögliche Grenze in der Zukunft könnten die mangelnden personalen und sozialen Fähigkeiten darstellen, die sich (noch) nicht durch einen digitalen Prozess ersetzen lassen. Auch in einer digitalisierten Welt werden das Management bzw. die Mitarbeiter nach wie vor die Enabler darstellen. Nicht nur die Fachkompetenz, sondern insbesondere die Problemlösungs- und die Kommunikationsstärke sowie die Fähigkeit zum vernetzten Denken werden dabei in den Fokus rücken. Gerade das Vertragsmanagement sowie die Verhandlungen, die für das CPFR-Modell notwendig sind, werden folglich auch zukünftig maßgebliche Fähigkeiten darstellen.

Auch die interkulturelle Kompetenz wird mit der zunehmenden Globalisierung immer wichtiger. Interaktionen auf internationaler Ebene erfordern ein hohes Maß an kommunikativer und kultureller Sensibilität. Da die erfolgreiche Umsetzung des CPFR stark von diesen Fähigkeiten abhängt, stellt dies eine mögliche Grenze für eine weitere digitale Entwicklung dar.[157]

Ein weiteres Hindernis für das traditionelle CPFR ist die mangelnde Veränderungsfähigkeit der Mitarbeiter im Rahmen des Prozessmodells. Probleme ergeben sich

---

[156] Vgl. DVZ [2017], o. S.
[157] Vgl. Güttel/Schneider [2018], S. 27.

oft, wenn die Mitarbeiter eine mangelnde persönliche Flexibilität in Bezug auf das Projekt und einen mangelnden Willen für Veränderungen an den Tag legten. Die Folge ist ein unkooperatives Verhalten gegenüber den Partnern. Mit der Digitalisierung wird der Veränderungsfähigkeit eine noch größere Bedeutung beigemessen. Die sich ständig und immer schneller ändernden Prozesse müssen vom Management und den Mitarbeitern akzeptiert werden. Dies könnte eine Grenze für das CPFR der Zukunft darstellen, da neben der komplexen Vorgehensweise bei der Umsetzung auch hohe Anforderungen an die Veränderungsfähigkeit der Menschen gestellt werden.[158]

Eine weitere Grenze des CPFR in der Zukunft ist die selektive Digitalisierung, da diese die bestehenden Probleme nicht gänzlich beheben kann. Mit selektiver Digitalisierung ist dabei die isolierte digitale Transformation einzelner Abläufe gemeint. Hierdurch wird weder die Kultur im Unternehmen verbessert, noch werden Innovationen entwickelt oder Geschäftsmodelle optimiert. Mit Hilfe einzelner Technologien können lediglich kleine Kostenstellen eingespart werden, jedoch stellt dies keine ganzheitliche Lösung dar, sondern eher ein Mittel zum Zweck, um der Bewältigung der Herausforderung ‚Digitalisierung' entgegenzuwirken. Das bedeutet, dass das CPFR nicht nur durch das Austauschen und Beheben einzelner Prozesse oder Technologien optimiert werden kann.[159]

6.2 Rationalisierungspotenziale

Durch die Digitalisierung können für das CPFR erhebliche Rationalisierungspotenziale erschlossen werden. Neue Technologien stellen den Enabler für eine Weiterentwicklung des CPFR-Gedankens dar und je mehr Prozesse entlang der SC digitalisiert werden, desto geringer sind der Koordinations- und der Steuerungsaufwand.

Nachdem bereits festgestellt wurde, dass die IT in Unternehmen immer wichtiger wird und folglich die IT-Budgets steigen, werden auch kleine und mittlere Unternehmen in Zukunft ‚mithalten' können. Statt einer komplexen und kostspieligen Implementierung können z. B. verschiedene Abläufe durch digitale Prozesse ersetzt werden. Dies erleichtert Koordination sowie Steuerung und gibt auch

---

[158] Vgl. Helpap [2018], o. S.
[159] Vgl. Kofler [2018], S. 3.

finanziell schwächeren Unternehmen die Möglichkeit, SCM erfolgreich umzusetzen und wettbewerbsfähig zu bleiben.[160]

Wie Abbildung zehn zeigt, erfährt Big Data zurzeit einen Abwärtstrend. Die Analyse von großen Datenmengen und die z. B. daraus prognostizierten Forecasts stellen keine zeitgemäße Form der Informationsgenerierung mehr dar. Die Abbildung zeigt auch, dass sich SCM-Services wie cloudbasierte Plattformen im Aufwärtstrend befinden. Somit werden aufwändige Forecasts und Verhandlungen zunehmend unnötig. Die Verknüpfung der Akteure stellt keine Herausforderung mehr dar, da beliebig viele Akteure einfach und schnell weltweit miteinander kommunizieren können. Zudem wird eine hohe Transparenz gewährleistet.[161] Auch im Rahmen der Kundenorientierung kann durch digitale Kanäle eine bessere Interaktion mit den Kunden hergestellt werden. Die Abbildung zeigt, dass sich Social-Learning-Plattformen gerade auf dem Hochpunkt der SCM-Technologien befindet. Gerade Social-Media-Plattformen wie Facebook, Twitter oder Instagram bieten die Möglichkeit, mit den Kunden in Kontakt zu treten, sowohl Informationen über die Kundenbedürfnisse zu gewinnen, als auch um den Kunden Wertangebote bereitzustellen.[162]

Die eher neuartige Blockchain-Technologie wird in Zukunft ein steigendes Rationalisierungspotenzial bieten. Diese Technologie kennt man bereits in Verbindung mit der virtuellen Währung Bitcoin, die einen anonymen Zahlungsverkehr über das Internet ermöglicht. Jedoch sehen Experten noch mehr Potenzial in diesem Konzept, vor allem in Bezug auf das Thema Datensicherheit. Daten, die in einer Blockchain gespeichert sind, können nie mehr gelöscht werden – eine Eigenschaft, die diese Technologie transparent und sicher macht. Auch der US-Handelsriese Wal-Mart setzt Blockchain ein, um seine Lieferkette mit den Lebensmittelherstellern transparenter dokumentieren und verfolgen zu können.[163] Die Blockchain ist dezentral und für jeden Akteur der SC zugänglich. Da jeder Akteur eine Kopie der Kette besitzt, sind die Informationen nachvollziehbar und vor Manipulation geschützt. Insbesondere in Verbindung mit Smart Contracts, eine intelligente Form des Vertragsmanagements, in der alle Leistungsparameter (z. B. Lieferzeit) fixiert sind, kann auf diese Weise eine vollkommene Automatisierung erzielt werden. Gerade für das

---

[160] Vgl. ebd., S. 15 f.
[161] Vgl. ebd., S. 75 f.
[162] Vgl. ebd., S. 94.
[163] Regensburger [2018], S. 22 f.

CPFR bietet sich somit eine ganzheitliche Lösung des komplexen Prozessmodells, die zudem der Problematik der Datensicherheit entgegenwirkt.[164]

6.3 Mögliche Weiterentwicklung und Ausblick

Wie schon aus den Grenzen hervorging, stellt eine selektive Digitalisierung keine Lösung der Probleme dar, die das CPFR-Modell mit sich bringt. Folglich kann davon ausgegangen werden, dass die Bearbeitung einzelner Kritikpunkte des Modells nicht zielführend ist. Daher wird für eine mögliche Weiterentwicklung eine vollständige Digitalisierung angestrebt.

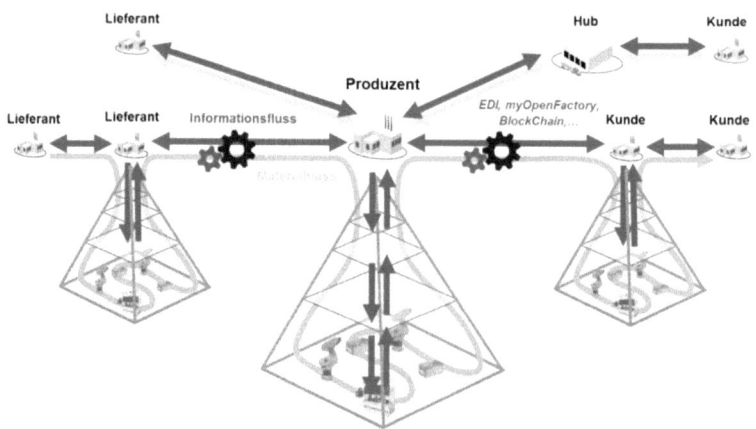

Abb. 11: Material- und Informationsflüsse eines Wertschöpfungsnetzwerks
(Quelle: Pause/Adema/Winitzki [2018], o. S.)

Abbildung elf zeigt ein Wertschöpfungsnetzwerk zwischen Lieferanten, Herstellern und Kunden. Die Material- und Informationsflüsse werden dabei durch die hell- und dunkelblauen Pfeile dargestellt. Zu erkennen ist, dass der Informationsfluss entlang des gesamten Materialflusses besteht. Die Herstellung dieser digital basierten Vernetzung und damit einer maximalen Informationstransparenz entlang der SC ist ein Ziel der Unternehmen, das in Zukunft angestrebt wird.

Mit Hilfe der durch die Digitalisierung bereitgestellten Technologien wird nun im Folgenden versucht, eine mögliche Weiterentwicklung des CPFR-Gedankens zu

---

[164] Vgl. Göpfert [2019], S. 248.

erarbeiten. Die Kooperationsbasis sollte bestehen bleiben, da die Zusammenarbeit der Akteure eine wertvolle und nötige Voraussetzung für das Realisieren beidseitiger Vorteile darstellt.[165] Dies könnte sich so gestalten, dass die Vergabe der Logistikkomponente z. B. an einen externen Dienstleister outgesourct wird. Durch die Nutzung von 3- oder 4PL-Dienstleistern können weitere Vorteile erschlossen werden. Das Erfolgsrisiko kann minimiert und es können zusätzliche Investitionen in Feldern wie Prozess, Organisation und IT vermieden werden. Zudem wird durch den Einsatz externer Dienstleister ein hohes Maß an Knowhow gewährleistet.[166]

Um die Transparenz innerhalb der SC zu erhöhen, können z. B. jene Technologien eingesetzt werden, die im vorangegangenen Kapitel vorgestellt wurden. Damit lässt sich das ganze IT-System optimieren. Den Ansatz hierfür bietet der Einsatz einer vollintegrierten und intelligenten Lösung. Mit dem Prinzip der ‚Artificial Intelligence', auch einer der SCM-Hypes, wird menschliches Verhalten durch selbstlernende Algorithmen simuliert. Diese Form der künstlichen Intelligenz entwickelt eigenständig Lösungen für Prozesse wie die Inventur von Lagerbeständen oder das automatische Auslösen von Bestellungen bei Erreichen einer kritischen Bestandsmenge.[167] Mit Hilfe internetbasierter Cloud-Lösungen können z. B. Produktbedarfe automatisch und in Echtzeit geplant, gesteuert und optimiert werden. Weiterhin wird ein kontinuierlicher Verbesserungsprozess eingeführt, der mit Hilfe der gewonnenen Daten vorhandene Diskrepanzen eliminieren soll.[168]

Die Datensicherheit kann durch den Einsatz von Blockchain gewährleistet werden.[169] Des Weiteren wird die Einführung eines Supply Chain Risk-Managements angestrebt, um Risiken entlang des Wertschöpfungsprozesses zu minimieren. Nicht nur interne Risiken (die z. B. durch die Zusammenarbeit mit den Lieferanten entstehen) sollen dabei berücksichtigt und behoben werden,[170] sondern auch externe Einflüsse werden in die Betrachtung miteinbezogen. Damit sollen Risikodaten in Echtzeit identifiziert und Gegenmaßnahmen unverzüglich ergriffen werden. Gerade bei einer globalen Beschaffung ergeben sich hierbei externe Indikatoren wie Streiks, Naturkatastrophen oder politischen Einflüssen, die dann vom

---

[165] Vgl. Sandberg [2005], S. 33.
[166] Vgl. Sucky/Asdecker [2019], S. 198 ff.
[167] DVZ [2017], o. S.
[168] Vgl. Kofler [2018], S. 233.
[169] Vgl. Sucky/Asdecker [2019], S. 192 f. & S. 208.
[170] Vgl. Huth/Romeike [2016], S. 20 f.

Management berücksichtigt werden müssen.[171] Informationen dieser Art können z. B. durch die Verknüpfung mit dem Internet frei verfügbar gesammelt werden. Zuletzt können mit der Etablierung der Smart-Contracts-Technologie weitere Potenziale erschlossen werden. Durch Smart Contracts können die Abwicklung des Vertragsmanagements und auch die Analysen im Rahmen des internen SC-Risikomanagements entlang der Wertschöpfung automatisch gestaltet werden.[172]

Neben den hauptsächlichen Technologien, die den Kern dieser ‚neuen Kollaboration' darstellen, kann zudem der Einsatz älterer, schon bewährter Technologien erfolgen. Zur Objekterkennung könnte z. B. RFID gut in die Strategie eingebunden werden. Unter Ausnutzung all dieser Möglichkeiten lassen sich maßgeschneiderte Lösungen für jedes Unternehmen in jeder Branche generieren. Durch diese neugeschaffenen Kombinationsmöglichkeiten und das Ersetzen der klassischen Abläufe durch digitale Prozesse ergibt sich somit die Chance, komplexe Wertschöpfungsnetze mit Hilfe von Kollaborationen und entsprechenden Technologien in Zukunft effizient zu bewältigen.[173]

---

[171] Vgl. ebd., S. 26.
[172] Vgl. Kofler [2018], S. 217.
[173] Vgl. Becker/Burggraf/Martens [2019], S. 174.

7 Fazit

Das Modell des ‚Collaborative Planning Forecasting and Replenishment' lässt sich zusammenfassend als ein Managementkonzept des Supply Chain Managements beschreiben, das dazu geeignet ist, effizient auf Kundenbedürfnisse zu reagieren. Die Unternehmen des 21. Jahrhunderts sehen sich mit diversen externen Einflüssen konfrontiert. Die durchgeführte Trendanalyse hat gezeigt, dass die Globalisierung, der digitale Wandel und das sich ständig verändernde Kundenverhalten die wichtigsten Herausforderungen der heutigen Zeit darstellen. Der globale Bezug bzw. das Outsourcing, die Zunahme neuer Technologien und der Kunde als wichtigster Akteur einer Supply Chain beeinflussen das Unternehmen und sein Umfeld. Das Ziel, alle Schnittstellen entlang der Supply Chain zu optimieren und den Kunden dabei im Fokus zu behalten, stellt die Grundlage für das CPFR dar.

Wie in der Literatur aufgezeigt, lassen sich durch das CPFR erhebliche Rationalisierungspotenziale erschließen. Sowohl in der Theorie als auch in diversen Pilotprojekten konnte dies unter Beweis gestellt werden. Jedoch lässt sich das Prozessmodell schwer in der Praxis umsetzen. Die Implementierung des CPFR bringt sowohl Vor- als auch Nachteile mit sich. Nachfrageschwankungen können hiermit bewältigt und ‚Out-of-Stock'-Situationen vermieden werden. Durch den transparenten Informationsverkehr wird die Nachfrage schneller und besser prognostiziert, wodurch eine bessere Bestandsführung möglich wird. Lagerbestände können dadurch abgebaut und folglich Kosten eingespart werden.

Das Geschäftsmodell besitzt jedoch auch eine Kehrseite. Hohe Investitionen stellen die Voraussetzung für die Realisierung des CPFR dar, sowohl was die Herstellung der IT-Kompatibilität angeht, als auch den Aufbau von Kompetenzen und Knowhow der Mitarbeiter. Insbesondere die praktische Anwendbarkeit stellt eine signifikante Herausforderung dar, da das Prozessmodell sehr komplex ist. Weiterhin wird im Prozessmodell das Wertschöpfungsnetz aus vielen Akteuren kaum berücksichtigt.

Abschließend lassen sich einige Faktoren identifizieren, die den Erfolg des Modells maßgeblich bestimmen. Die Kooperationsbasis und der Informationsfluss sind hierbei die wichtigsten Voraussetzungen. Vor allem eine offene Haltung der Partner, der Mitarbeiter und des Managements gegenüber einer organisatorischen Veränderung muss gegeben sein. Auch die neuartigen Technologien, die den Informationsfluss erst ermöglichen, haben sich zunehmend als Enabler für die Umsetzung in der Praxis herausgestellt.

Um die Frage nach dem Status quo und der Etablierung des CPFR in der Praxis zu beantworten, lässt sich zusammenfassend festhalten, dass sich das Modell nicht wie bei seiner Einführung erwartet entwickelt hat. Die entsprechenden Implementierungen sind ausgeblieben, mit der Annahme, dass das CPFR in den letzten Jahren keine Weiterentwicklung im Bereich Digitalisierung und im Einsatz neuer Technologien erfahren hat. Ein Blick in die Zukunft des SCM hat auch gezeigt, dass sich die Unternehmen in einem hochinnovativen Umfeld befinden und ‚mitziehen' müssen, um wettbewerbsfähig bleiben zu können.

Mit dem Fokus auf den Trend ‚Digitalisierung' ergeben sich für das CPFR-Modell in der Zukunft Rationalisierungspotenziale, aber auch Grenzen. Der Mensch wird weiterhin einen der wichtigsten Enabler darstellen. Auch eine selektive Digitalisierung wird sich nicht durchsetzen. Wenn sich Unternehmen jedoch anpassen und bei der Nutzung und Weiterentwicklung dieser Technologien mitziehen, werden sie bislang ungekannte Potenziale realisieren können. Davon werden nicht nur Großunternehmen, sondern auch der Mittelstand profitieren. Die mögliche Weiterentwicklung hat zudem gezeigt, dass ein maximales Ersetzen manueller Abläufe durch digitale Prozesse den Koordinations- und Steuerungsaufwand senkt und auf diese Weise maßgeschneiderte Lösungen für jedes Unternehmen in jeder Branche erreicht werden können.

Literaturverzeichnis

Albrecht, R. [2018]
Konsumgesellschaft. Ein Zeitalter, in dem wir Perfektion kaufen wollen, verfügbar unter: https://www.welt.de/wirtschaft/bilanz/article172360882/Konsumgesellschaft-Ein-Zeitalter-in-dem-alle-perfekt-leben-wollen.html (19.11.2018).

Andraski, J. C./Chairman, V. [2002]
CPFR als neues Konzept im SCM, in: Seifert,D. (Hrsg): Collaborative Planning, Forecasting and Replensihment. Ein neues Konzept für state-of-the-art Supply Chain Management, 1. Aufl., Bonn 2002, S. 103-118.

Bastock, B./Baumann, F./Smith, S. [2002]
Der Einsatz von CPFR bei Ace Hardware und Manco, in: Seifert, D. (Hrsg.): Collaborative Planning Forecasting and Replenishment- Supply Chain Management der nächsten Generation, 1.Aufl., Bonn 2002. S.190ff.

Baumgart, G./Ester, B./Schick, C. [2002]
Die Implementierung von CPFR bei dm-drogerie markt und Henkel, in: Seifert, D. (Hrsg.): Collaborative Planning Forecasting and Replenishment- Supply Chain Management der nächsten Generation, 1.Aufl., Bonn 2002. S.279-290.

Becker, W./Burggraf, A./Martens, M. [2019]
Geschäftsprozessmanagement in Wertschöpfungsnetzwerken – Herausforderungen vor dem Hintergrund der Digitalisierung, in: Becker, W./Eierle, B./Fliaster, A./Ivens, B./Leischnig, A./Pflaum, A./Sucky, E. (Hrsg.): Geschäftsmodelle in der digitalen Welt. Strategien, Prozesse und Praxiserfahrungen, Wiesbaden 2019. S. 168-186.

Bitkom Bundesverband Informationswirtschaft, Telekommunikation und neue Medien e.V. [2015]
Spionage, Sabotage und Diebstahl.-Wirtschaftsschutz im digitalen Zeitalter, Berlin 2015.

Bolesta, W./Hölzle, B./Pletsch, T. [2018]
SCM 4.0. Marktumfrage 2017. Status der Umsetzung. TGM Studie, Stuttgart 2018.

Brenchley, D. [2002]
CPFR Implementierung bei Londis in Großbritannien, in: Seifert,D. (Hrsg): Collaborative Planning, Forecasting and Replensihment. Ein neues Konzept für state-of-the-art Supply Chain Management, 1. Aufl., Bonn 2002, S. 299-304.

Brühl, V. [2015]
Wirtschaft des 21. Jahrhunderts. Herausforderungen der Hightech-Ökonomie, Wiesbaden 2015.

Bundeszentrale für politische Bildung [2018]
Entwicklung des Warenhandels. Entwicklung des grenzüberschreitenden Warenhandels, verfügbar unter: http://www.bpb.de/nachschlagen/zahlen-und-fakten/globalisierung/52543/entwicklung-des-warenhandels (23.11.2018).

Dudenredaktion [o. J]
Kooperation, verfügbar unter: https://www.duden.de/rechtschreibung/Kooperation (26.11.2018).

Fenell, L. E. [2002]
Kundenzentriertes CPFR., in: Seifert, D. (Hrsg.): Collaborative Planning Forecasting and Replenishment – Supply Chain Management der nächsten Generation, 1. Aufl., Bonn 2002, S. 163.

Gabler Wirtschaftslexikon [2018]
Globalisierung, verfügbar unter: https://wirtschaftslexikon.gabler.de/definition/globalisierung-35657 (23.11.2018).

Gabler Wirtschaftslexikon [2018]
Digitalisierung und Arbeit 4.0, verfügbar unter: https://wirtschaftslexikon.gabler.de/definition/digitalisierung-und-arbeit-40-54273 (23.11.2018).

Gabler Wirtschaftslexikon [2018]
Kooperation, verfügbar unter: https://wirtschaftslexikon.gabler.de/definition/kooperation-39490 (26.11.2018).

Gate2Logistic [2011]
CPFR (Collaborative Planning, Forecasting and Replenishment), verfügbar unter: http://www.gate2logistic.de/2011/10/cpfr-collaborative-planning-forecasting-and-replenishment/ (06.12.2018).

Georg, B. [2006]
CPFR und elektronische Marktplätze. Neuausrichtung der kooperativen Beschaffung (Kasseler Wirtschafts- und Verwaltungswissenschaften, 23), Wiesbaden 2006.

Gerling, M. [2017]
Vom Barcode zu Mobile Commerce- Moderne Handels-IT stellt Kundennutzen in den Mittelpunkt, in: Gläß, R./Leukert, B. (Hrsg.): Handel 4.0. Die Digitalisierung des Handels – Strategien, Technologien, Transformation, Berlin Heidelberg 2017. S.115-127.

GS1 Germany [o. J. a.]
Planungsprozess CPFR. CPFR optimiert Ihre Warenversorgung, verfügbar unter: https://www.gs1-germany.de/gs1-solutions/efficient-consumer-response/cpfrr/ (03.12.2018).

GS1 Germany [o. J. b.]
GS1 Standards für Ihren Geschäftserfolg, verfügbar unter: https://www.gs1-germany.de/gs1-complete/was-ist-gs1-complete/ (12.12.2018).

GS1 Germany [2016]
APPAREL AND GENERAL MERCHANDISE. CPFR 2.0 Collaborative Planning, Forecasting and Replenishment (CPFR). Collaboration is Key: The Resurgance of CPFR in an Omni-Channel World, verfügbar unter: https://www.gs1us.org/DesktopModules/Bring2mind/DMX/Download.aspx?Command=Core_Download&EntryId=377 (12.12.2018).

Güttel, C./Schneider, P. [2018]
Chancen und Herausforderungen für das internationale Personalmanagement, in: Venegas Covarrubias, B./Thill, K./Domnanovich, J. (Hrsg.): Personalmanagement. Internationale Perspektiven und Implikationen für die Praxis, Wiesbaden 2018. S.19-39.

Göpfert, I. [2019]
Ein Zukunftsmodell für die Handelslogistik im Jahr 2036, in: Göpfert, I. (Hrsg): Logistik der Zukunft – Logistics for the future, 8.Aufl., Wiesbaden 2018. S.233-252.

Helpap, S. [2018]
Verändert die Veränderung! Von Change Management zur Agilen Transformation, verfügbar unter: https://transformations-werkstatt.de/2018/06/12/veraendert-die-veraenderung-von-change-management-zur-agilen-transformation/ (21.12.2018).

Henke, M./Eckstein, D./Blome, C./Lasch, R./Neumüller, C. [2012]
Supply Chain Agility. Strategische Anpassungsfähigkeit im Supply Chain Management, verfügbar unter: https://www.bvl.de/misc/filePush.php?id=18099&name=BVL12_BME_Studie_Supply_Chain_Agility.pdf (12.12.2018).

Hofmann, J. [2018]
Ausgewählte technologische Grundlagen, in: Fend, L. (Hrsg.): Digitalisierung in Industrie-, Handels- und Dienstleistungsunternehmen. Konzepte-Lösungen-Beispiele, Wiesbaden 2018. S. 3-28.

Huth, M./Romeike, F. [2016]
Grundlagen des Risikomanagements in der Logistik, in: Huth, M./Romeike, F. (Hrsg.): Risikomanagement in der Logistik: Konzepte – Instrumente – Anwendungsbeispiele, Wiesbaden 2016. S. 15-42.

Kersten, W./Seiter, M./von See, B./Maurer, T. [2017]
Trends und Strategien in Logistik und Supply Chain Management. Chancen der digitalen Transformation, verfügbar unter: https://www.bvl.de/files/1951/1988/2128/Trends_und_Strategien_in_Logistik_und_Supply_Chain_Management_-_Kersten_von_See_Hackius_Maurer.pdf (23.10.2018).

Kofler, T. [2018]
Das digitale Unternehmen. Systematische Vorgehensweise zur zielgerichteten Digitalisierung, München 2018.

Krüger, A./Kahl, G. [2017]
Der technologische Fortschritt im Handel getrieben durch die Erwartungen der Kunden. Von der Digitalisierung im Handel zur kundenorientierten Cyber-physischen Handelsumgebung mit Beispielen aus dem innovative Retail Laboratory, in: Gläß, R./Leukert, B. (Hrsg.): Handel 4.0. Die Digitalisierung des Handels – Strategien, Technologien, Transformation, Berlin Heidelberg 2017. S.129-156.

Kurbel, K. [2016]
Enterprise Resource Planning und Supply Chain Management in der Industrie. Von MRP bis Industrie 4.0, Berlin 2016.

Lammers, L. M. [2012]
Efficient Consumer Response. Strategische Bedeutung und organisatorische Implikationen absatzorientierter ECR-Kooperationen (Schriften zur Unternehmensentwicklung), Wiesbaden 2012.

Lehmacher, W. [2015]
Wirtschaft, Gesellschaft und Logistik 2050, in: Voß, P H. (Hrsg.): Logistik-eine Industrie, die (sich) bewegt. Strategien und Lösungen entlang der Supply Chain 4.0, Wiesbaden 2015, S.1-17.

Lödding, H. [2016]
Verfahren der Fertigungssteuerung. Grundlagen, Beschreibung, Konfiguration, 3.Aufl., Berlin und Heidelberg, 2016.

Nex Trust [2017]
Collaboration in Supply Chain Networks. A GS1 Germany Study within the EU-Horizon 2020-Project Nex Trust, 2017.

Pause, D./Adema, J./Winitzki, J. [2018]
Kooperation, Koordination und Kollaboration. Kooperieren ist nur der Anfang, verfügbar unter: https://www.it-production.com/produktionsmanagement/supply-chain-collaboration-kooperieren/ (24.11.2018).

Poppe, R. [2017]
Kooperationsplattformen für das Supply Chain Management. Gestaltungsempfehlungen für die kooperative Koordination der Supply Chain, Wiesbaden, Universität Osnabrück, Dissertation 2017.

Regensburger, F. [2018]
Blockchain – die Zukunft liegt in der Datenkette, in: Focus Business, Nr. 04, 2018, S.22-26.

Sandberg, E. [2005]
Logistics Collaboration in Supply Chain. A Survey of Swedish Manufacturing Companies, Linköping, Linköping Universitet, Dissertation, 2005.

Sucky, E./Asdecker, B. [2019]
Digitale Transformation der Logistik – Wie verändern neue Geschäftsmodelle die Branche?, in: Becker, W./Eierle, B./Fliaster, A./Ivens, B./Leischnig, A./Pflaum, A./Sucky, E. (Hrsg.): Geschäftsmodelle in der digitalen Welt. Strategien, Prozesse und Praxiserfahrungen, Wiesbaden 2019. S. 192-209.

Sazepin, J./Mertens, B./Rennhak, C. [2012]
Stirbt die Mitte? Konsumentenverhalten im 21. Jahrhundert. Herausforderungen und Strategien für Marketing und Management, Stuttgart 2012.

Schaffer, K. [o. J.]
Collaborative Planning, Forecasting and Replenishment (CPFR), verfügbar unter: https://www.ecr.digital/book/supply-side-prozesse/collaborative-planning-forecasting-and-replenishment-cpfr/ (03.12.2018).

Seifert, D. [2002]
Efficient Consumer Response als Ausgangspunkt von CPFR, in: Seifert,D. (Hrsg): Collaborative Planning, Forecasting and Replensihment. Ein neues Konzept für state-of-the-art Supply Chain Management, 1. Aufl., Bonn 2002, S. 27-54.

Seifert, D. [2002]
CPFR als neuer Strategieansatz, in: Seifert,D. (Hrsg): Collaborative Planning, Forecasting and Replensihment. Ein neues Konzept für state-of-the-art Supply Chain Management, 1. Aufl., Bonn 2002, S. 55-88.

Seifert, D. [2006]
Efficient Consumer Response. Supply Chain Management (SCM), Category Management (CM) und Radiofrequenz- Identifikation (RFID) als neue Strategieansätze (Hamburger Schriften zur Marketingforschung, 14) München und Mering 2006.

Statista [2018]
Umfrage zum Datenaustausch zwischen Unternehmen im Rahmen von Big Data 2017. Tauschen Sie im Rahmen von Big Data Informationen mit anderen Unternehmen oder Organisationen aus?, verfügbar unter: https://de.statista.com/statistik/daten/studie/818143/umfrage/umfrage-zum-datenaustausch-zwischen-unternehmen-im-rahmen-von-big-data/ (12.12.2018).

Swoboda, B. [1997]
Wertschöpfungspartnerschaften in der Konsumgüterwirtschaft. Ökonomische und ökologische Aspekte des ECR-Managements, in: WiSt, Nr. 9, 1997.

Thonemann, U./Behrenbeck, K./Küpper, J./Magnus, K.-H. [2005]
Supply Chain Excellence im Handel. Trends, Erfolgsfaktoren und Best-Practice-Beispiele, 1.Aufl., Wiesbaden 2005.

Talavera, M.G.V. [2014]
Supply Chain Collaboration and Trust in the Philippines, in: Operations and Supply Chain Management, Vol. 7, No. 1, 2014, S.6-8.

Vahrenkamp, R./Kotzab, H. [2012]
Logistik. Management und Strategien, 7. erw. Aufl., München 2012.

Weber, A. [2017]
Digitalisierung- Machen! Machen! Machen! Wie Sie Ihre Wertschöpfung steigern und Ihr Unternehmen retten, Wiesbaden 2017.

Wellbrock, W./Traumann, C. [2012]
Zukünftige Herausforderungen im Bereich des Handels. Chancen und Risiken ausgewählter Supply-Chain-Management-Konzepte, in: Göpfert, I. (Hrsg.): Discussion Papers on Logistics and Supply Chain Management, 3.Aufl., Marburg 2012.

Werner, H. [2013]
Supply Chain Management. Grundlagen, Strategien, Instrumente und Controlling, 5.Aufl., Wiesbaden 2013.

Wilson, E. [2018]
Collaborative Planning: Win together or die alone, verfügbar unter: http://demand-planning.com/2018/04/18/collaborative-planning-win-together-or-die-alone/ (17.11.2018).